Nia Tudor

What a Performance!

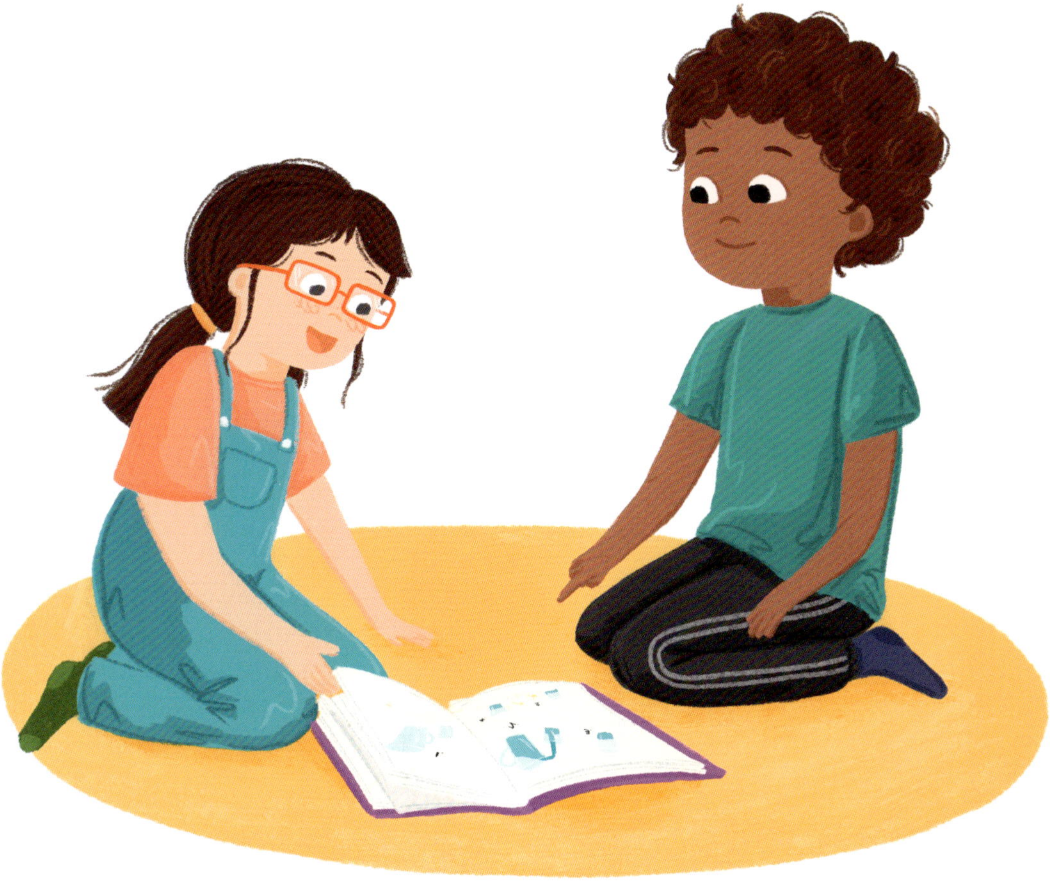

Collins

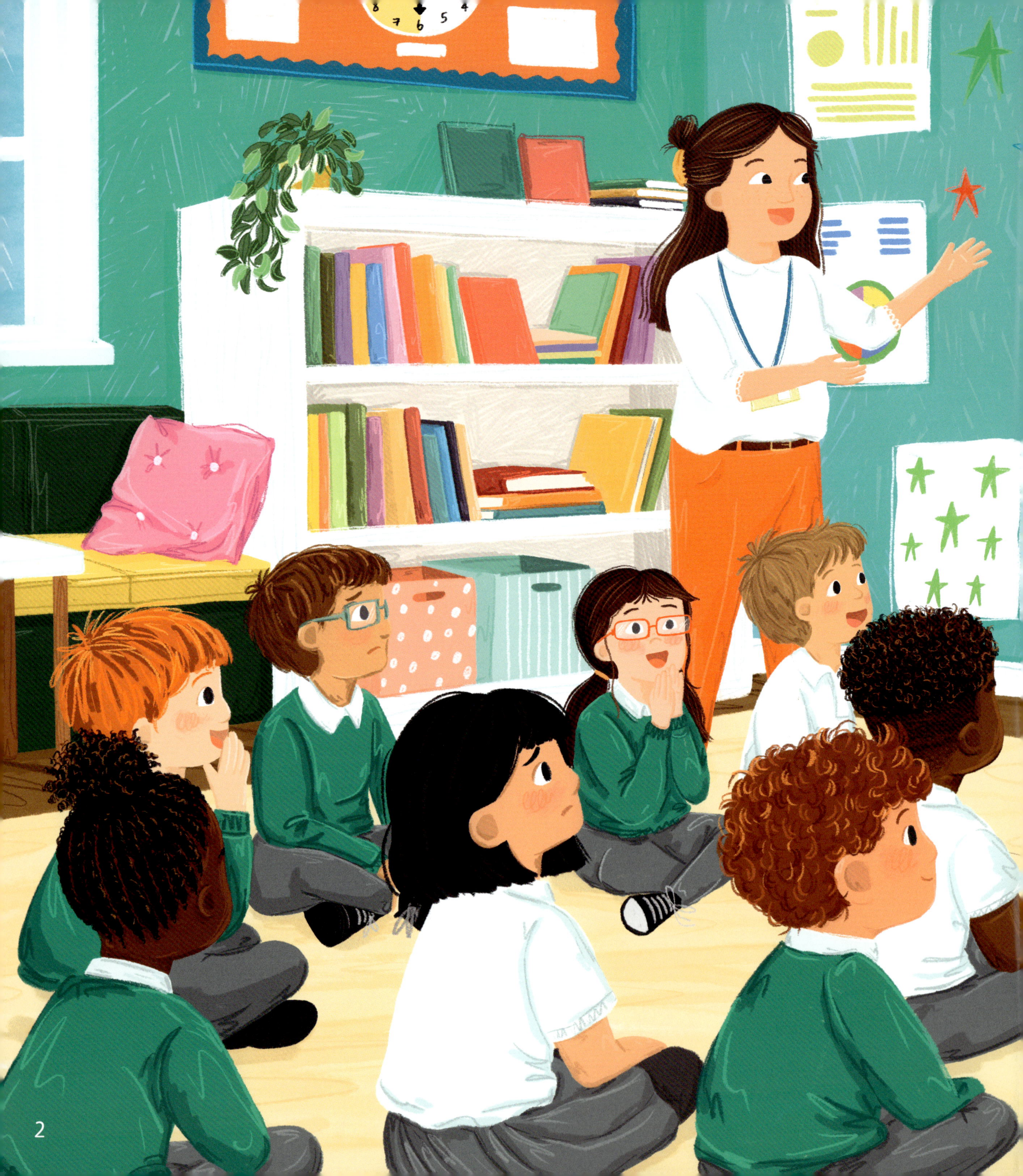

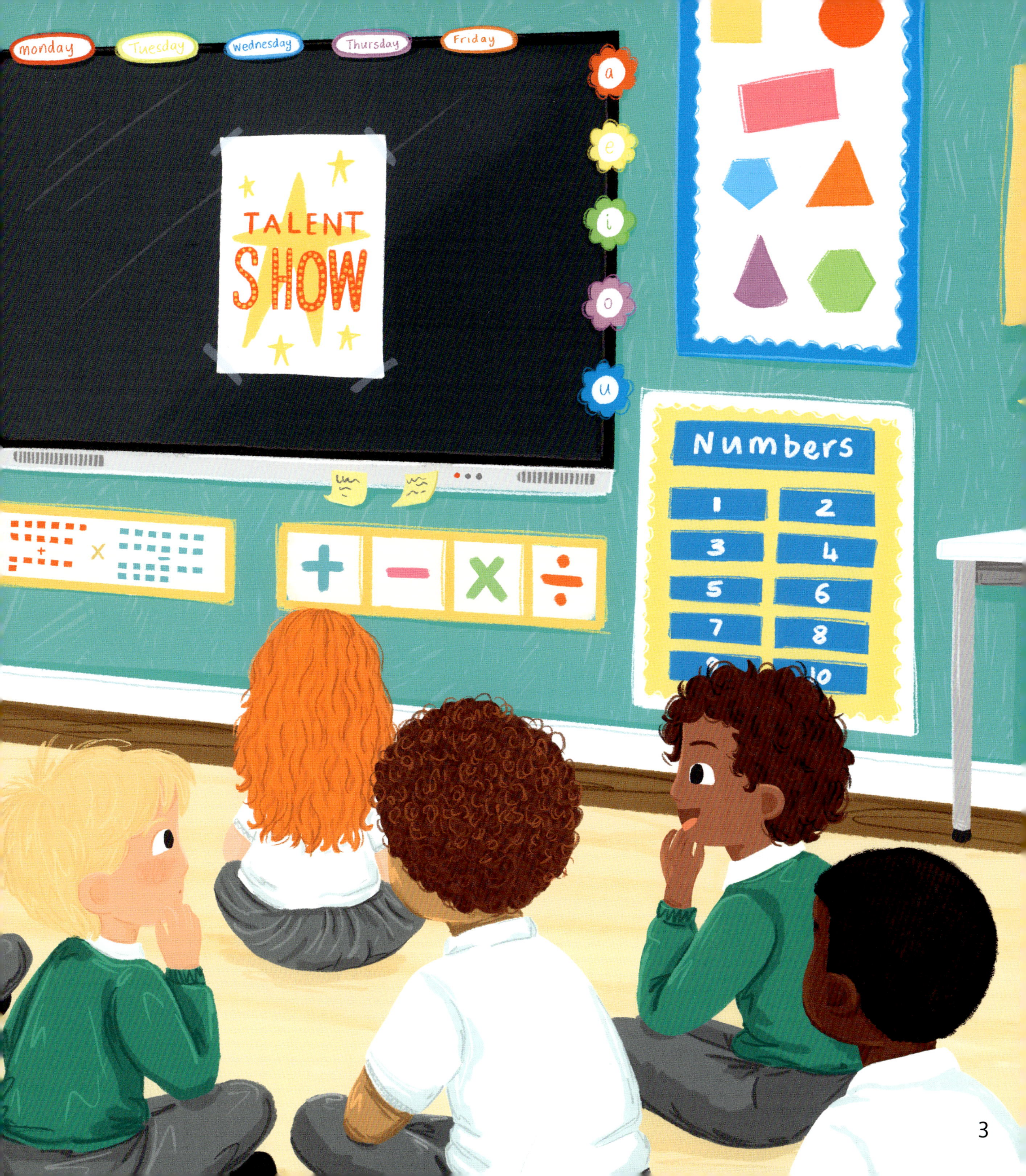
Monday
Tuesday
Wednesday
Thursday
Friday
a
e
i
o
u
TALENT SHOW
Numbers
1
2
3
4
5
6
7
8
10

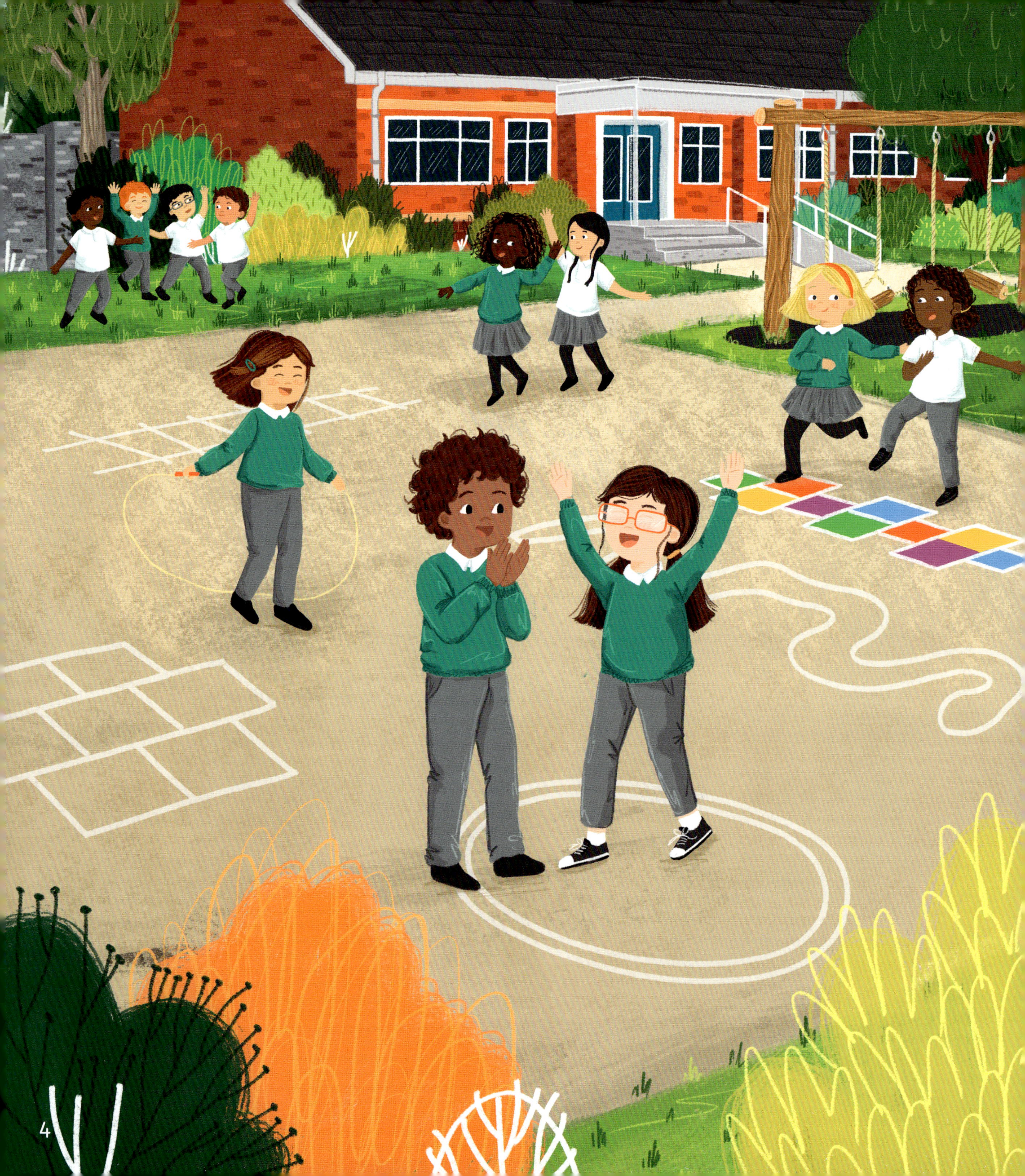

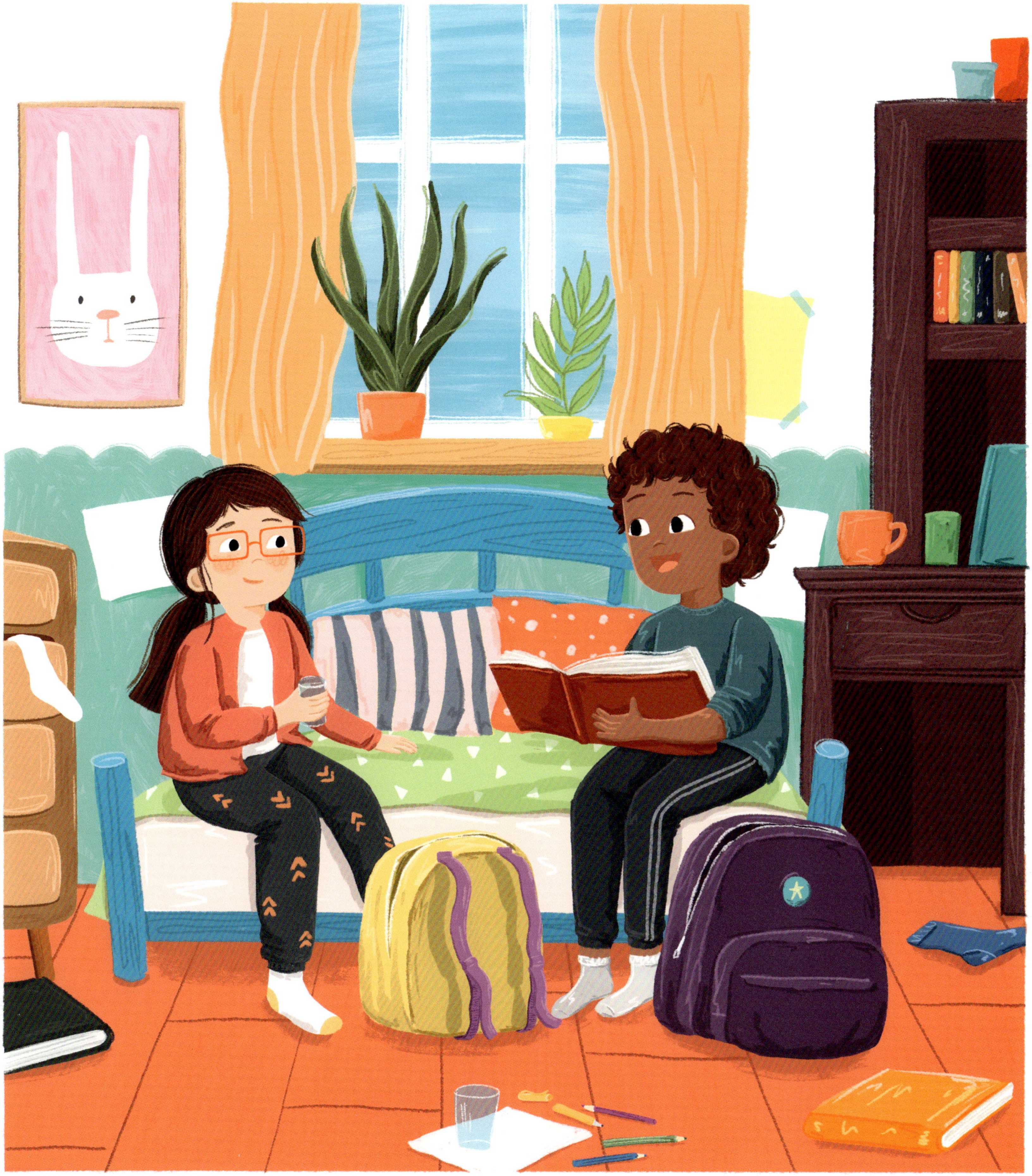

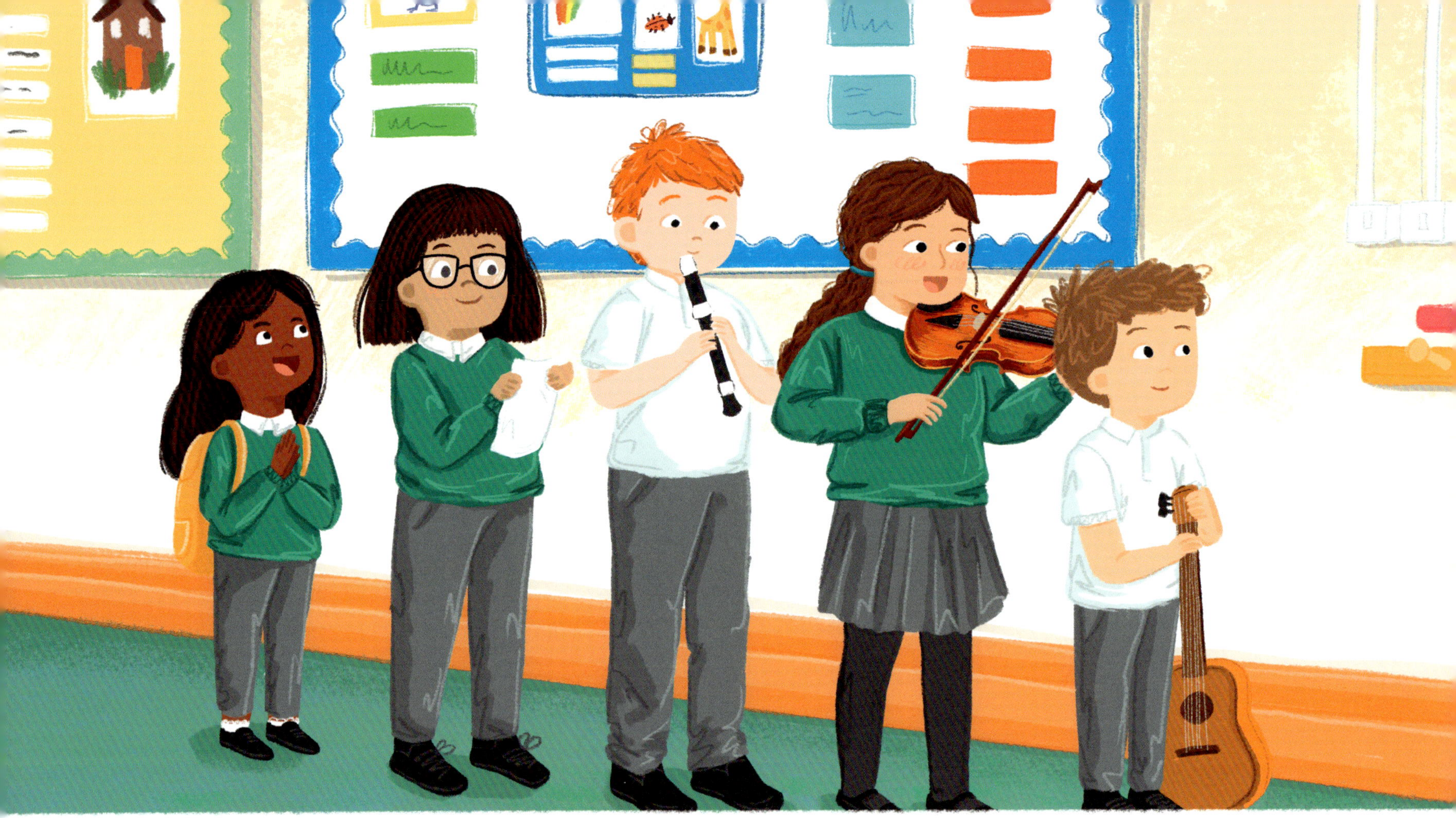

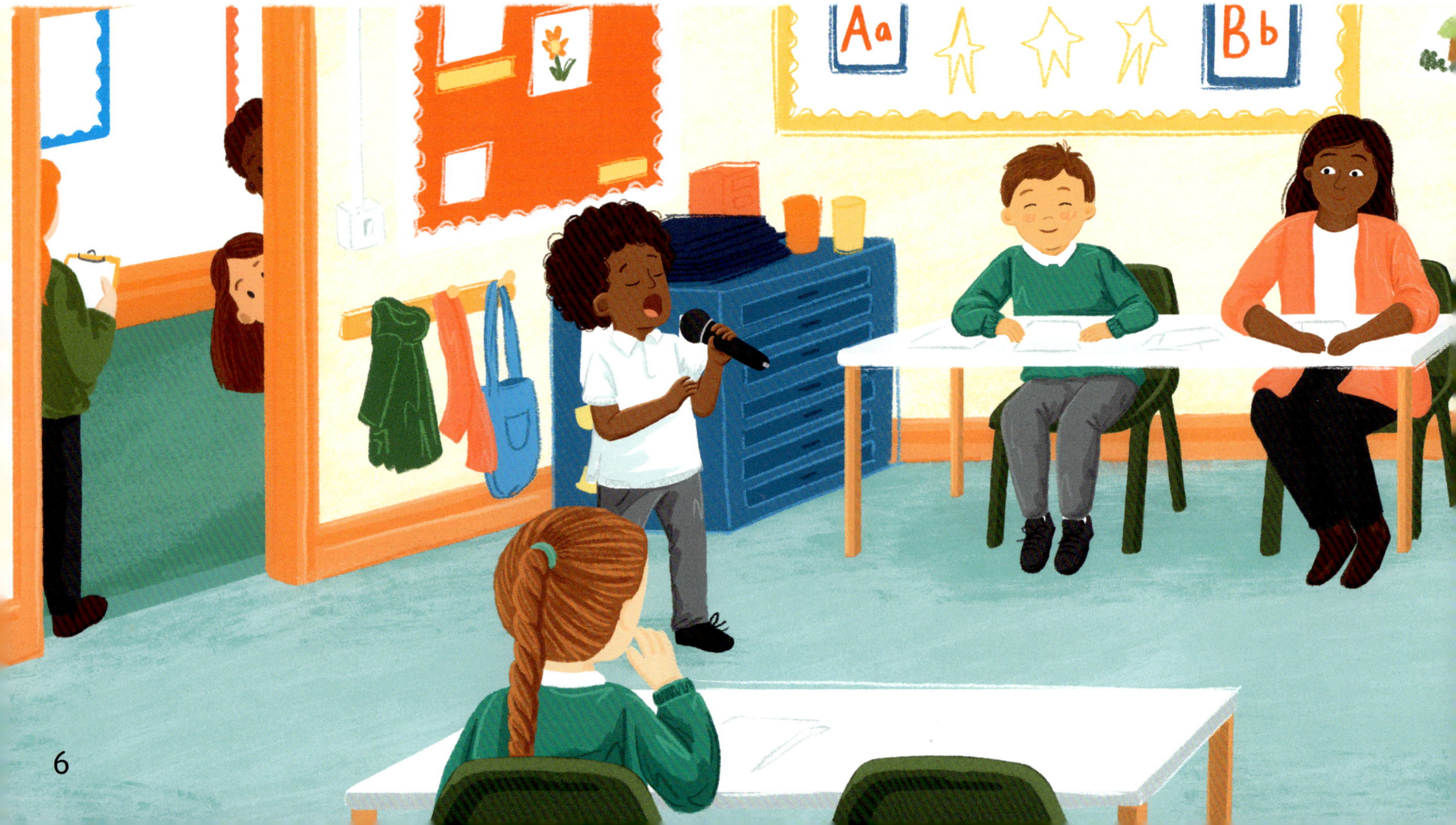
Aa
Bb

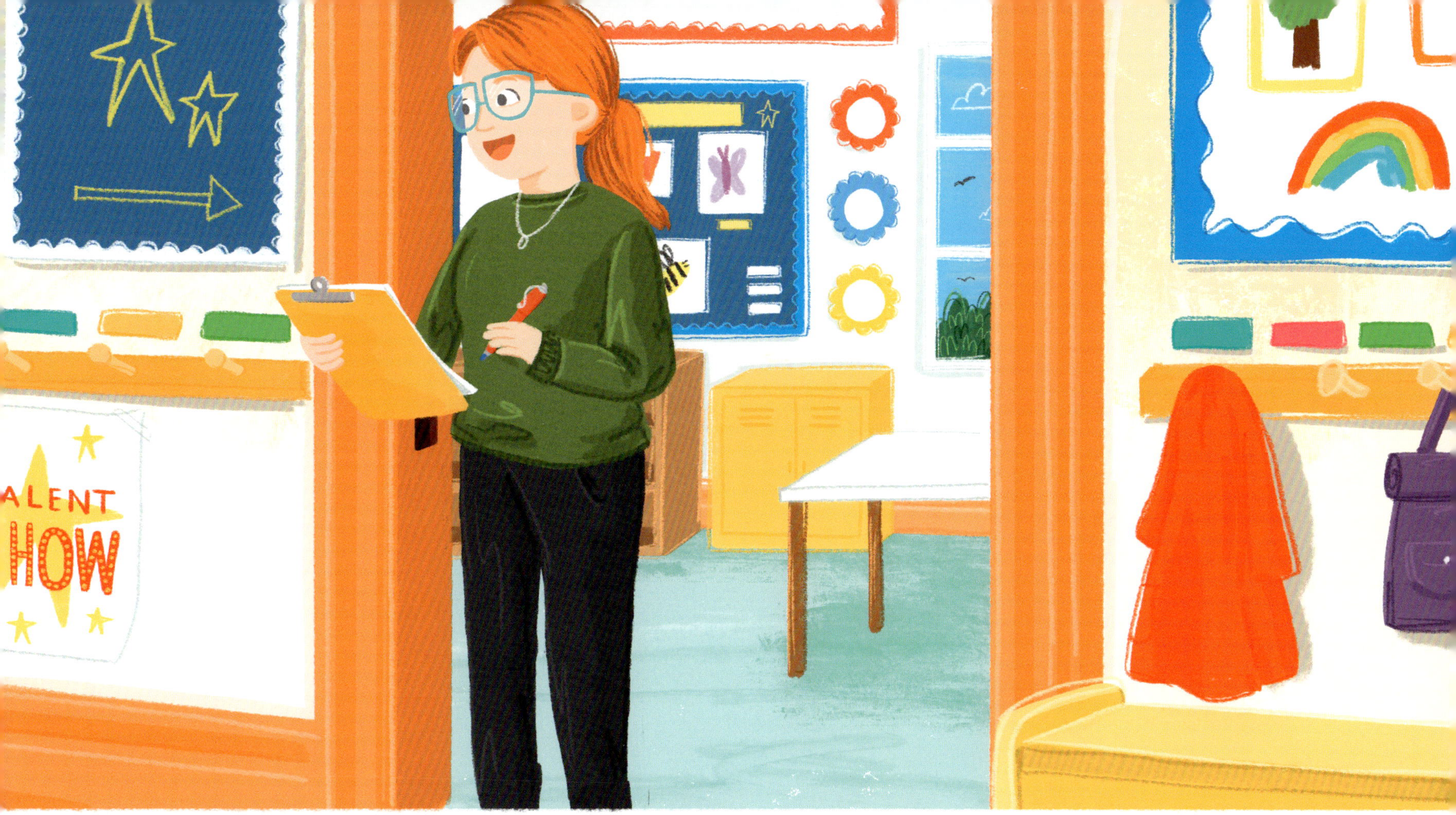
ALENT
HOW

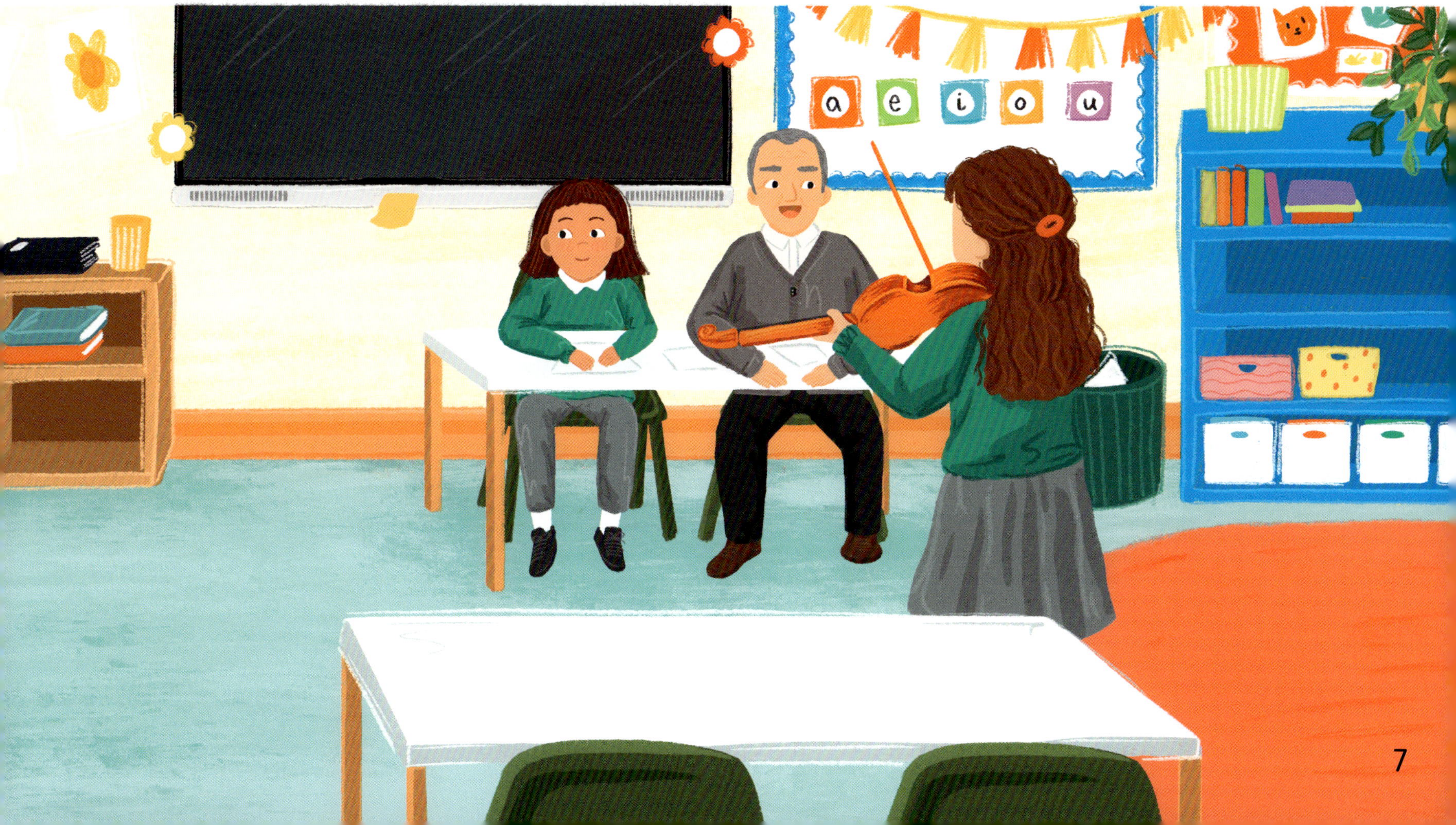
a e i o u

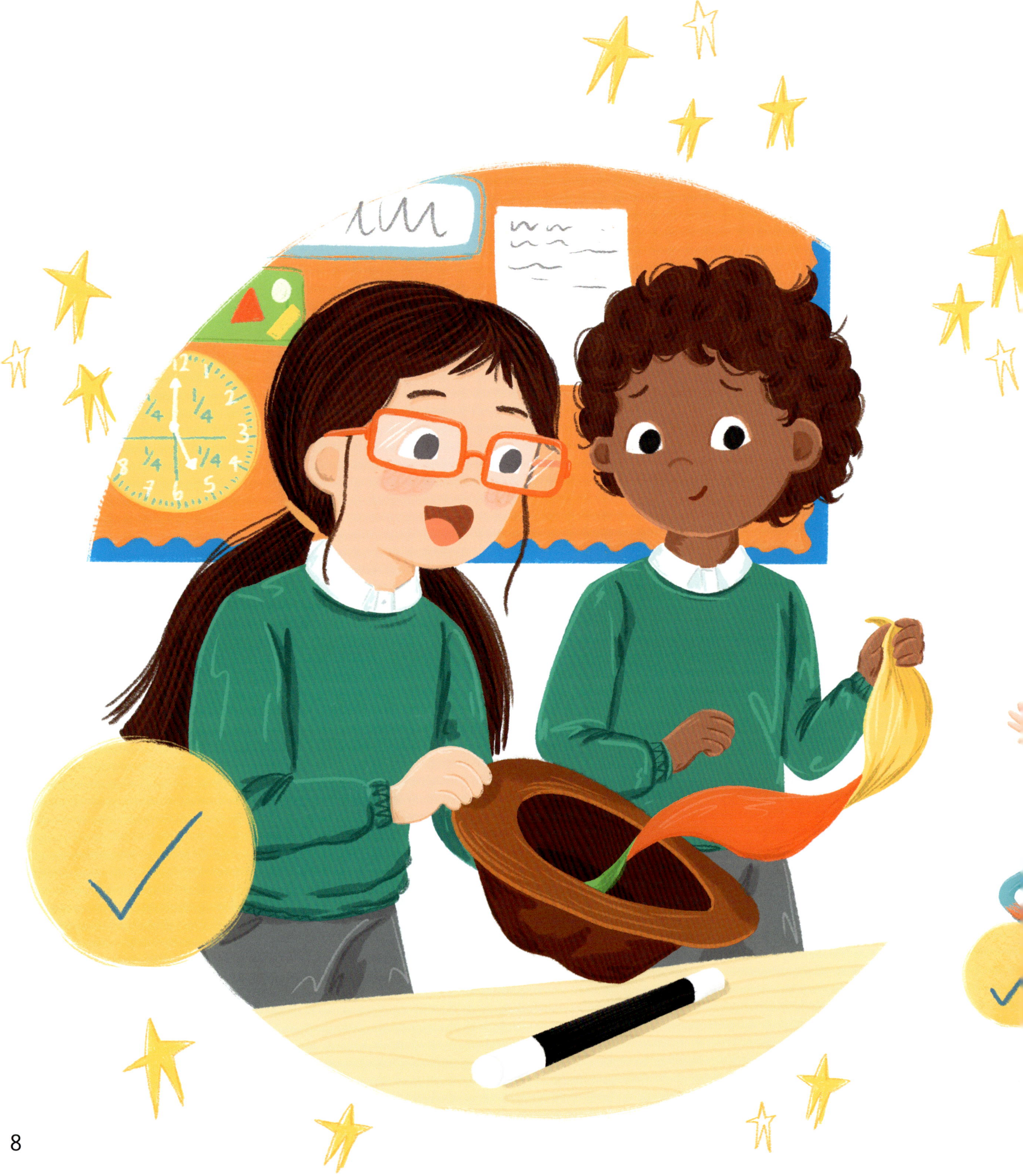

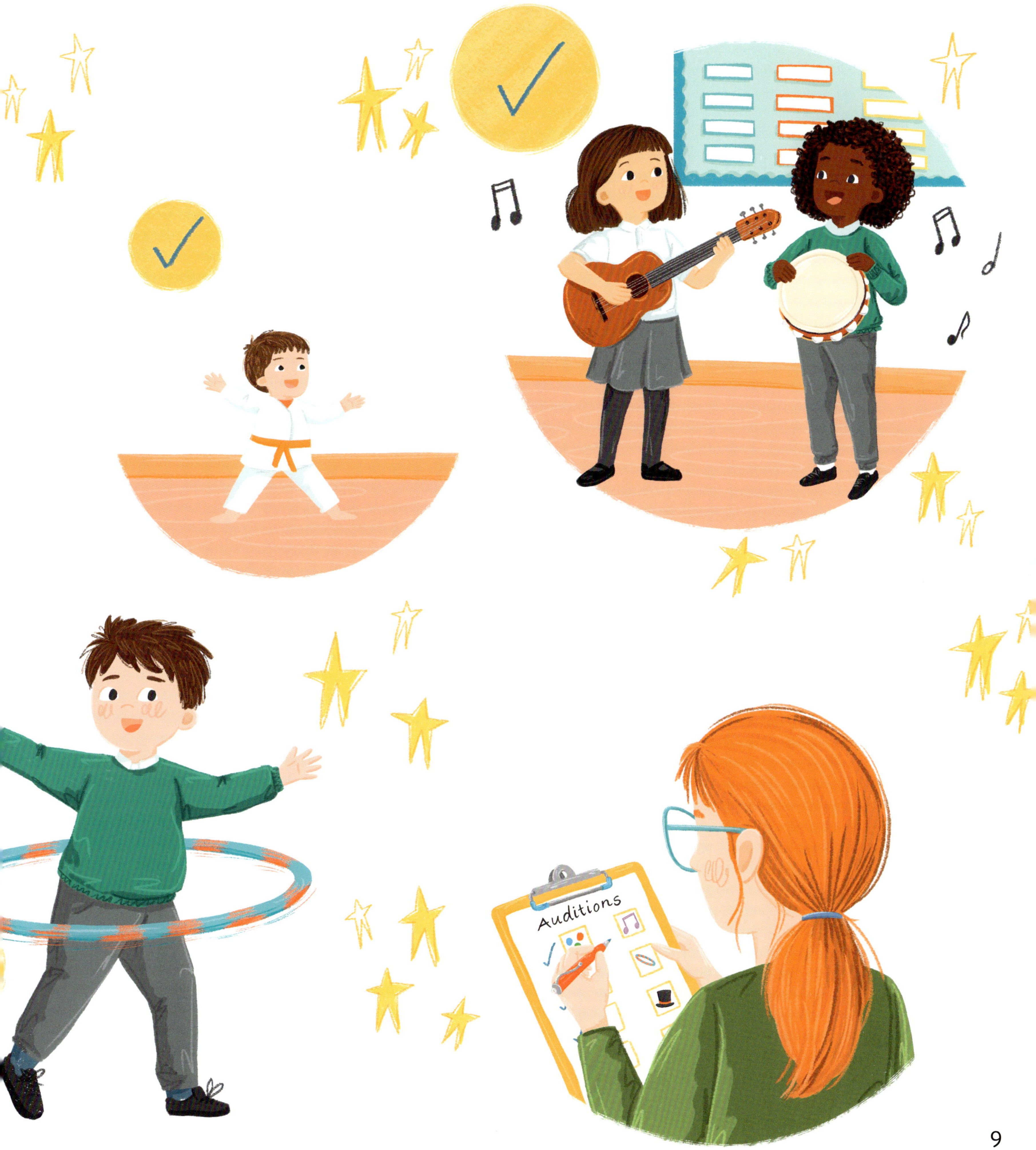
Auditions

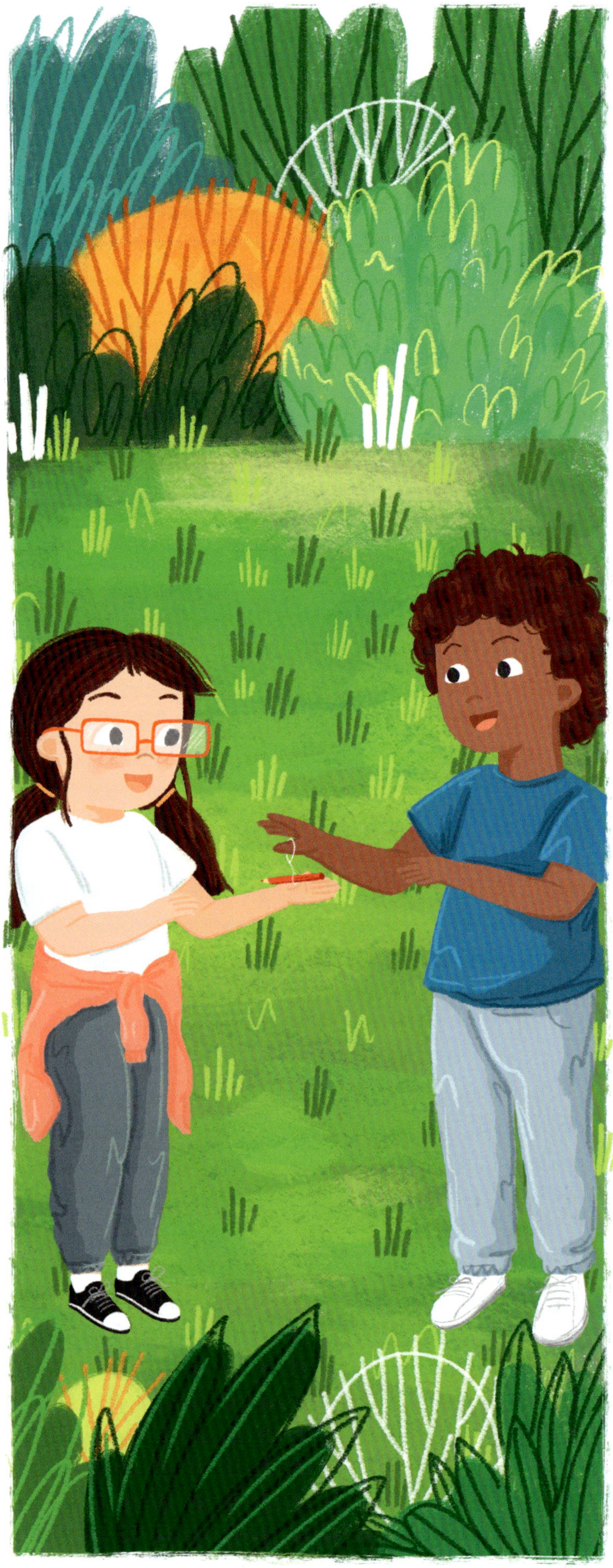

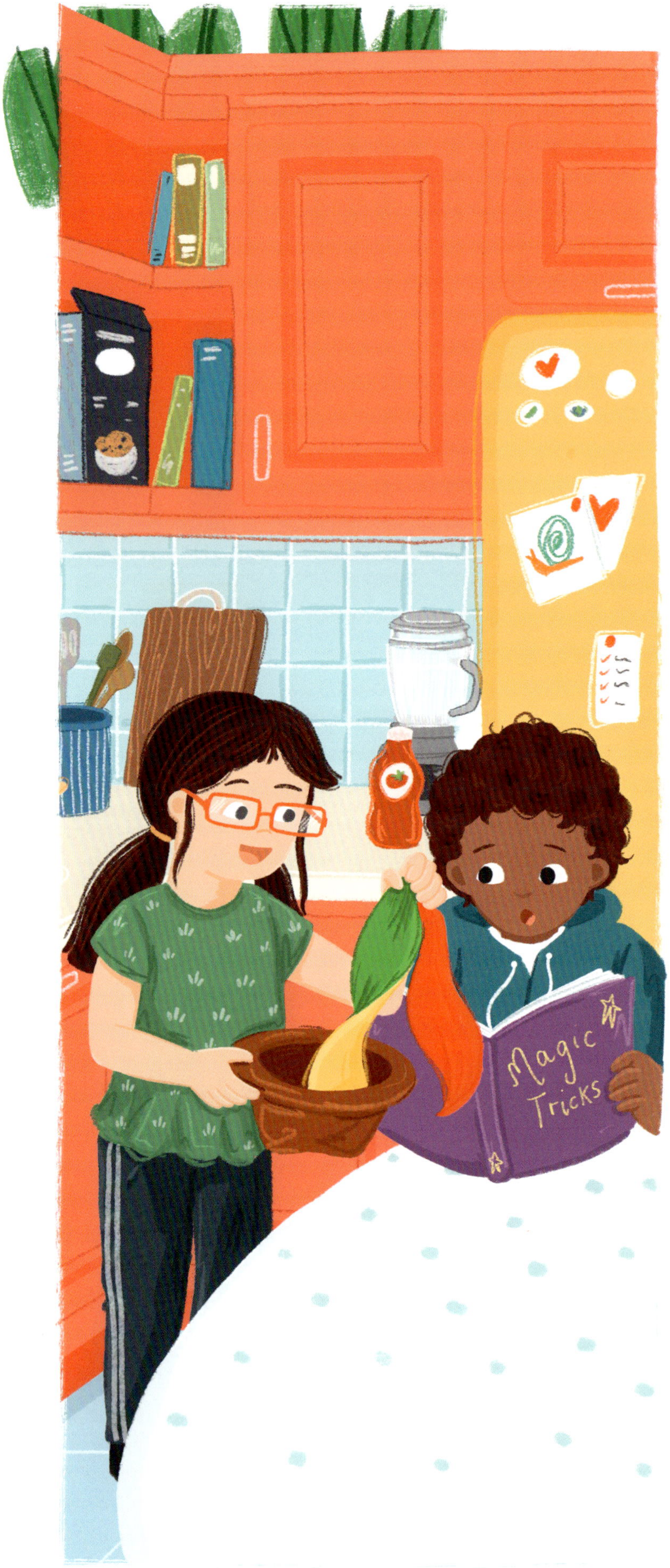
Magic Tricks

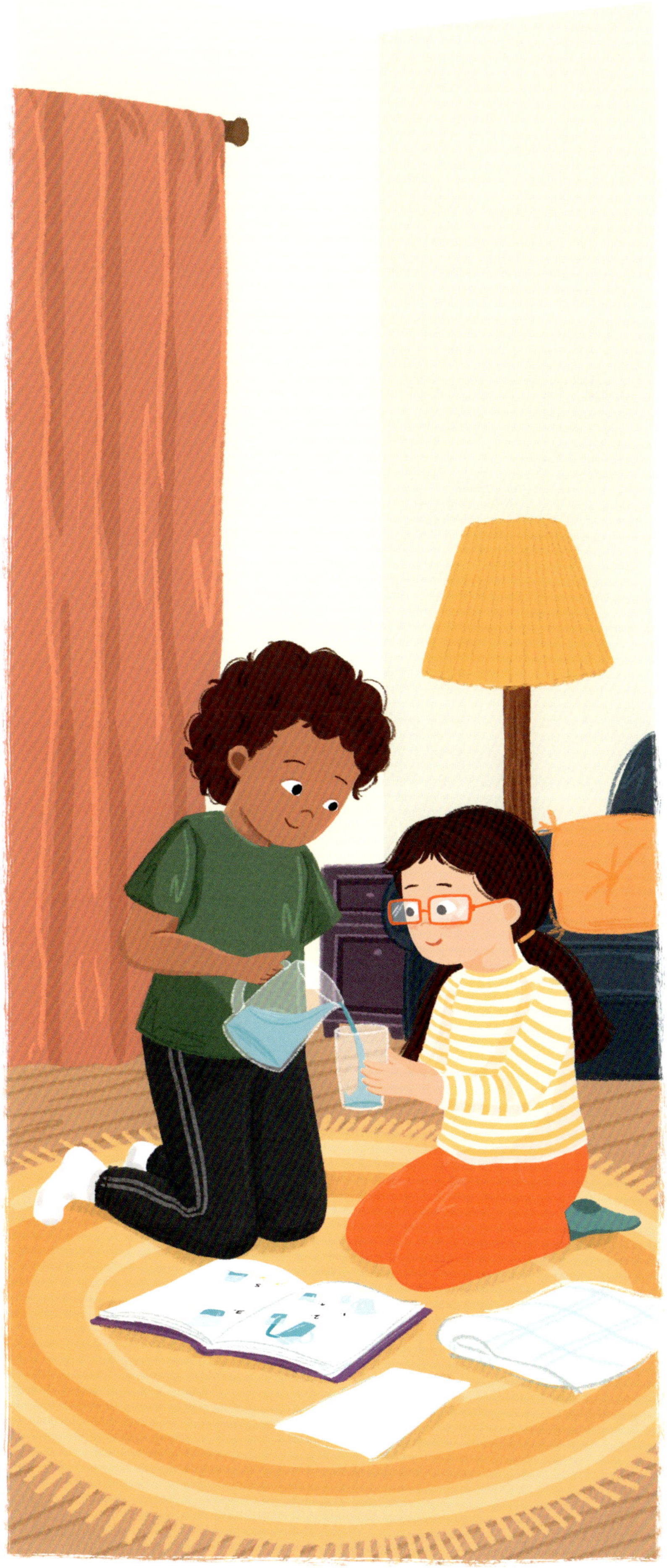

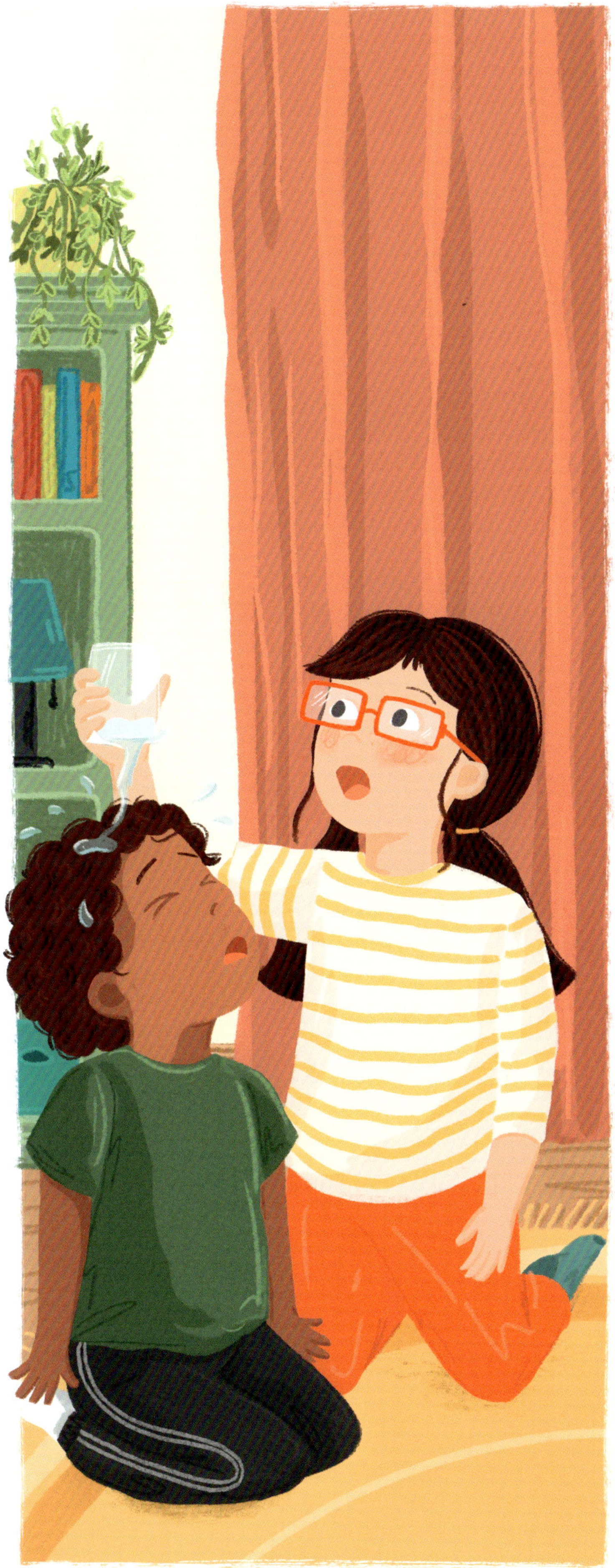

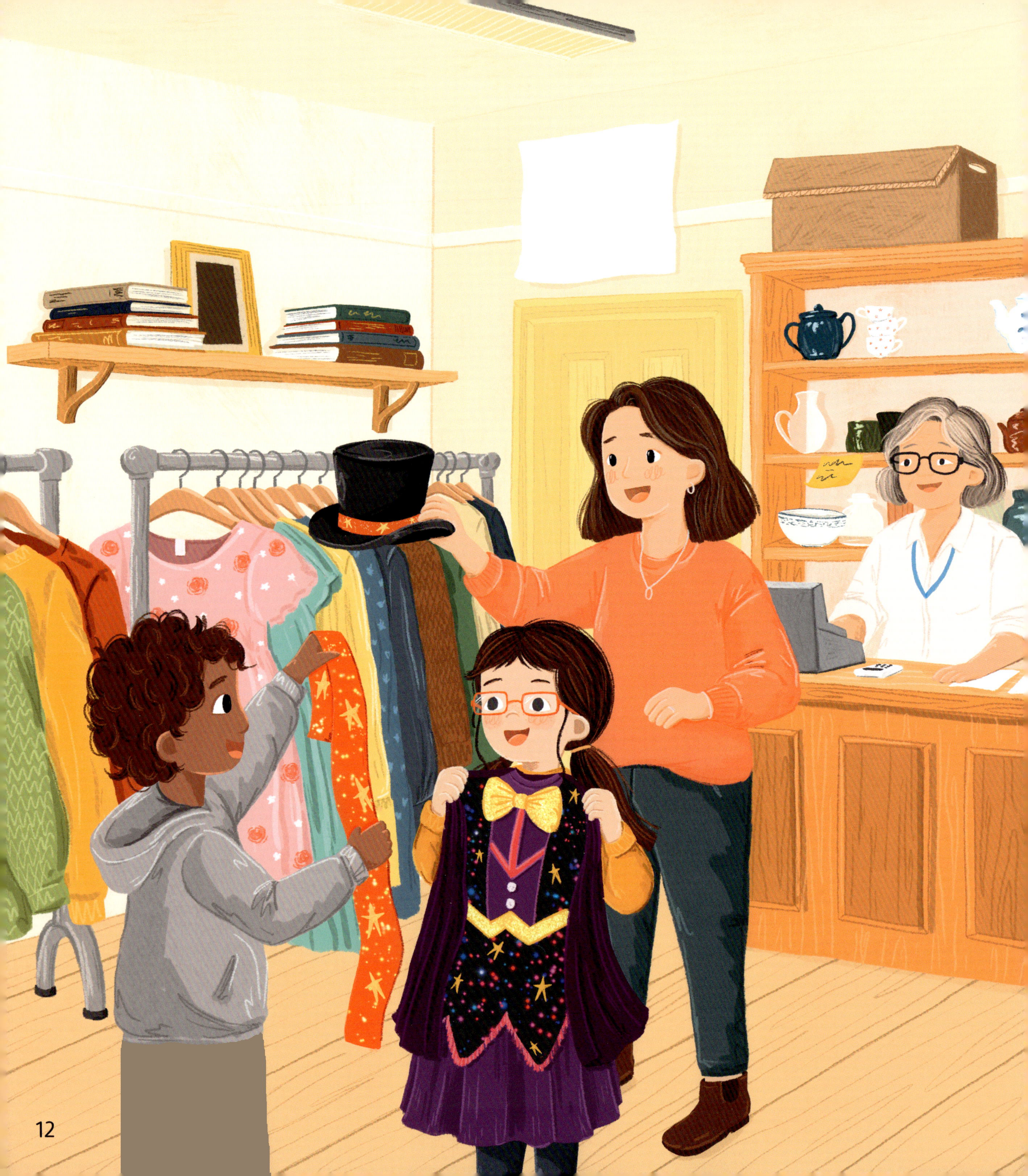

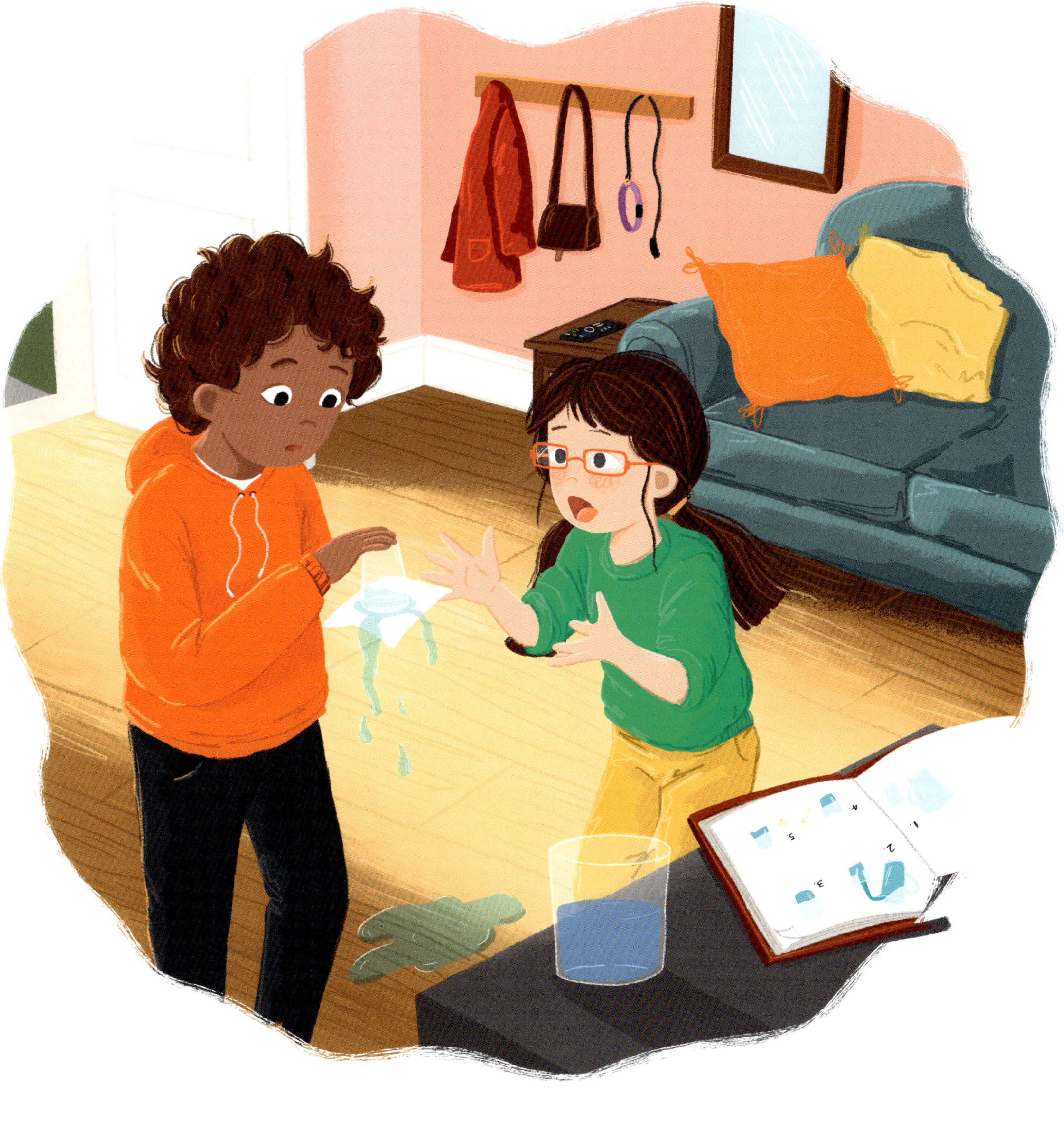

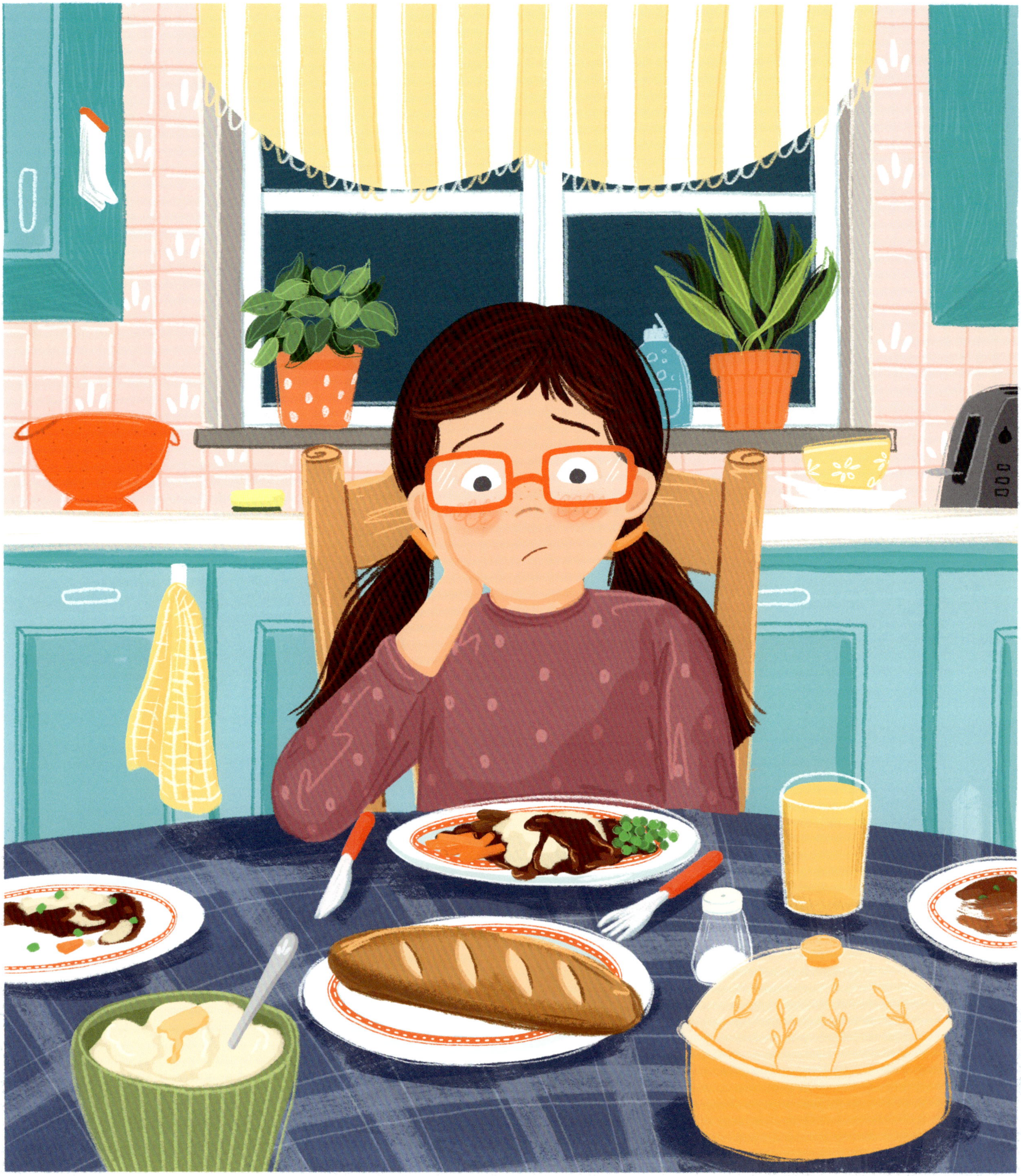

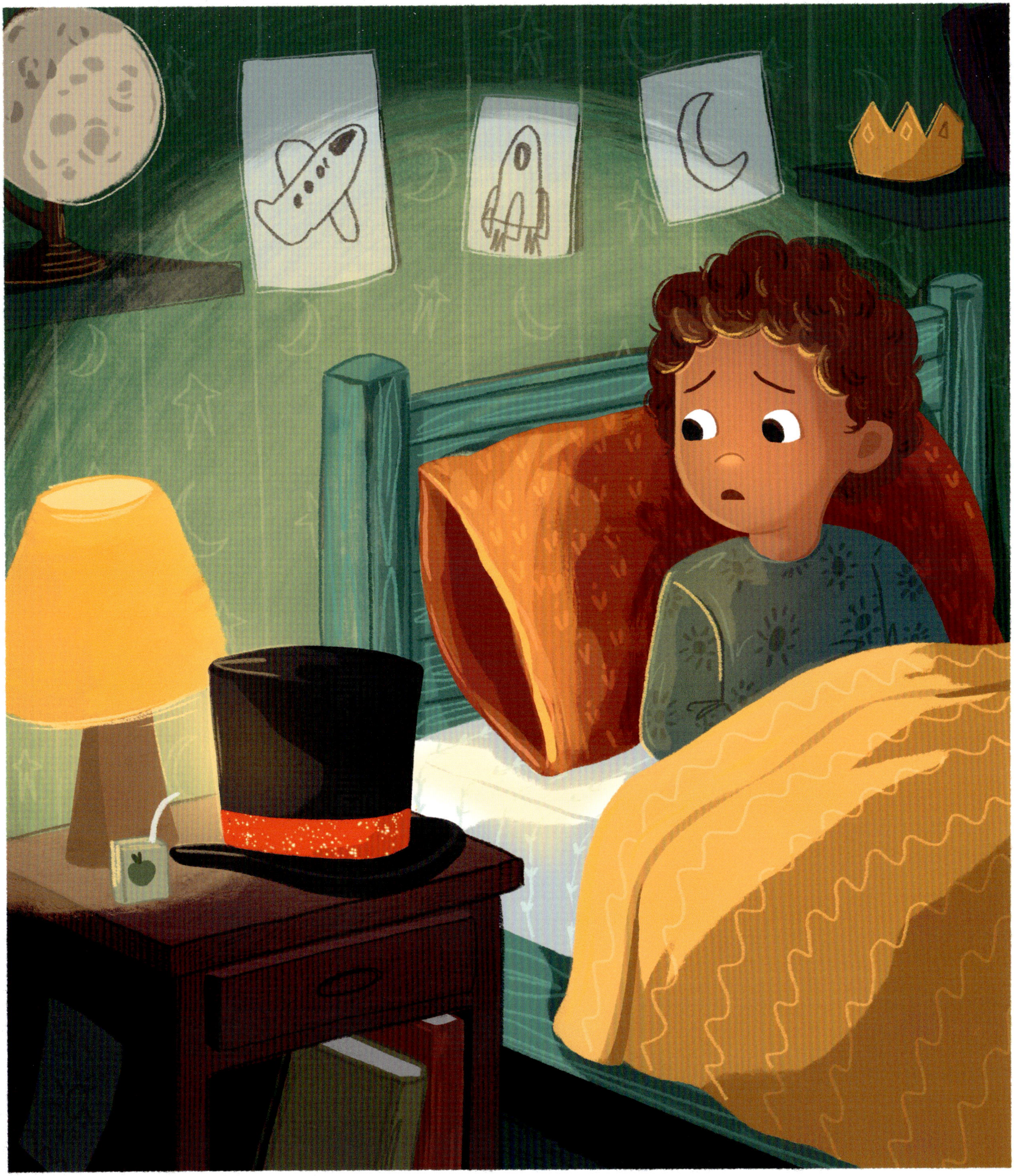

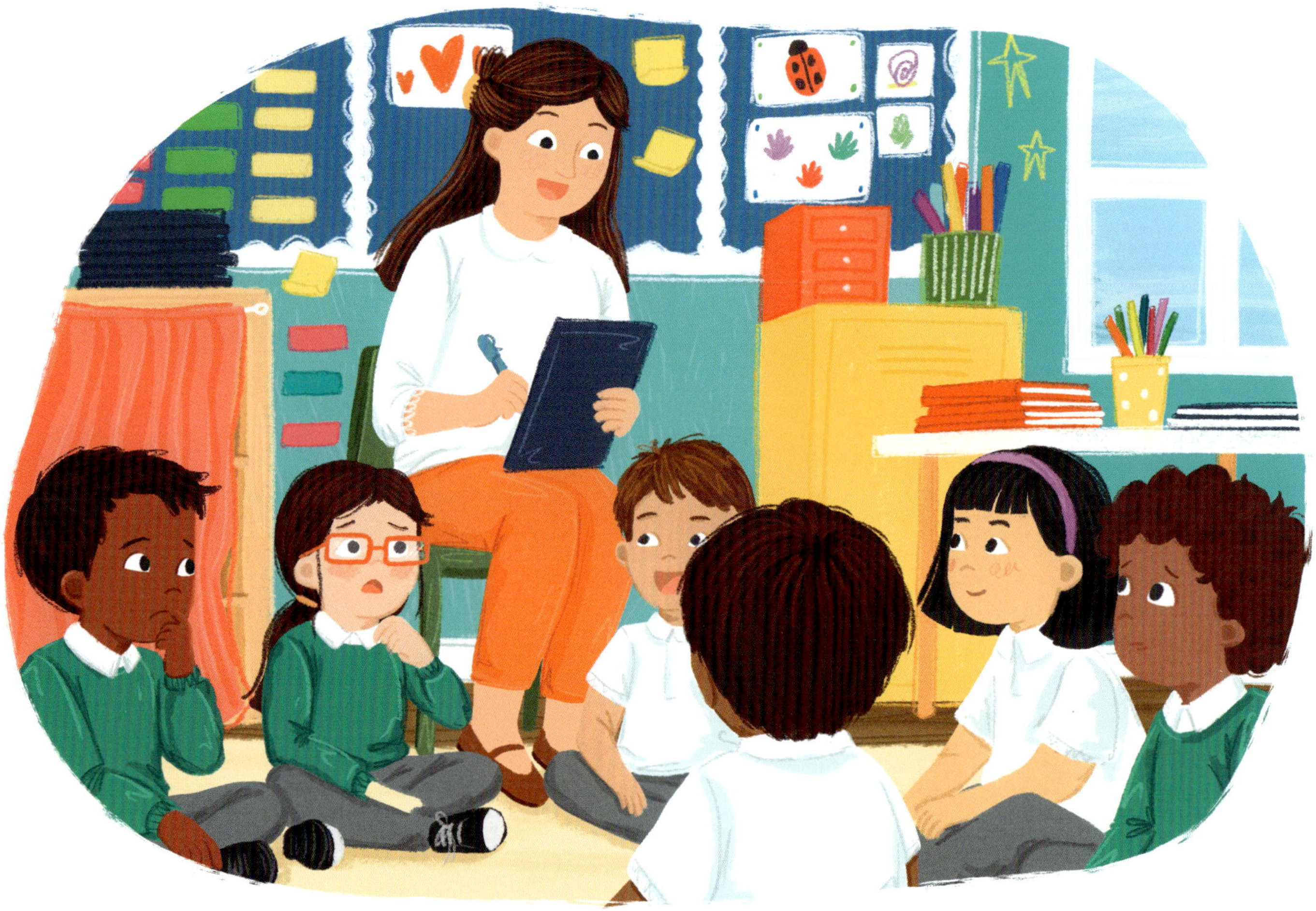

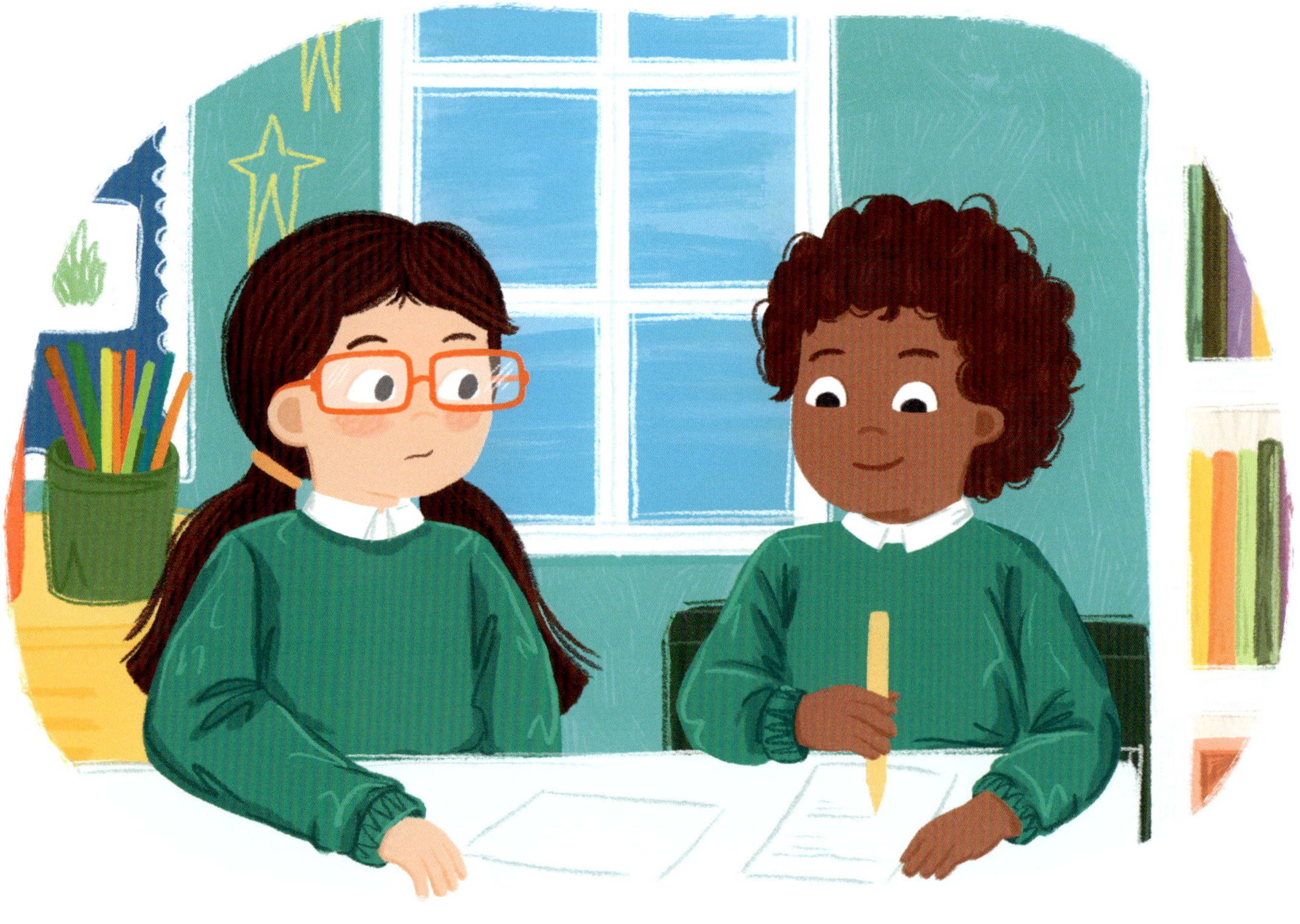

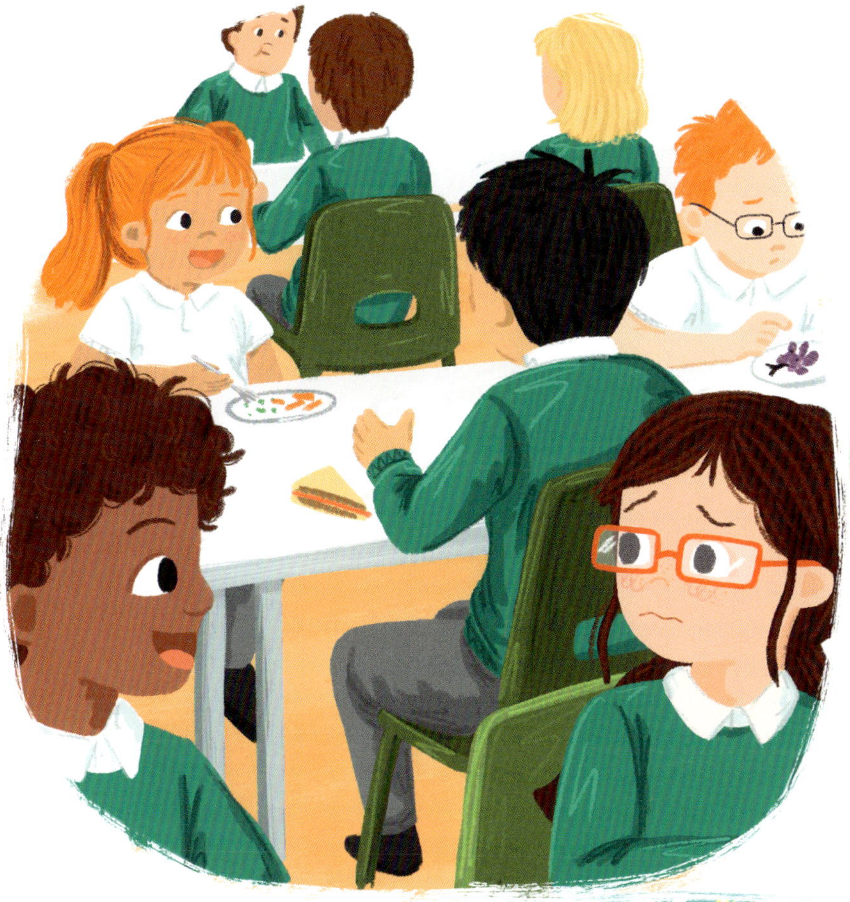

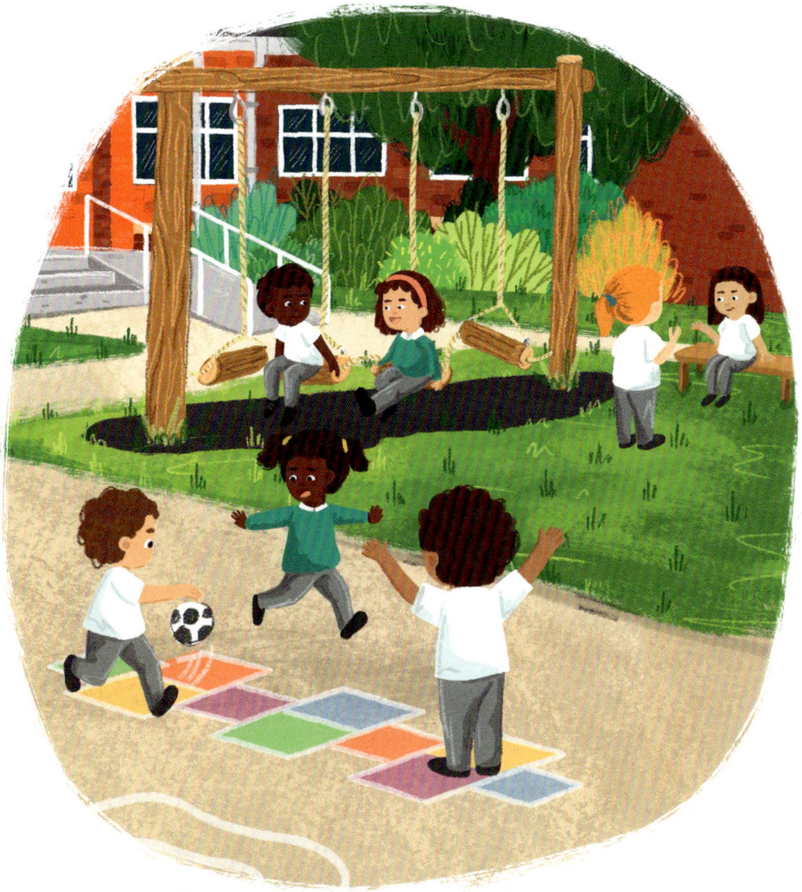

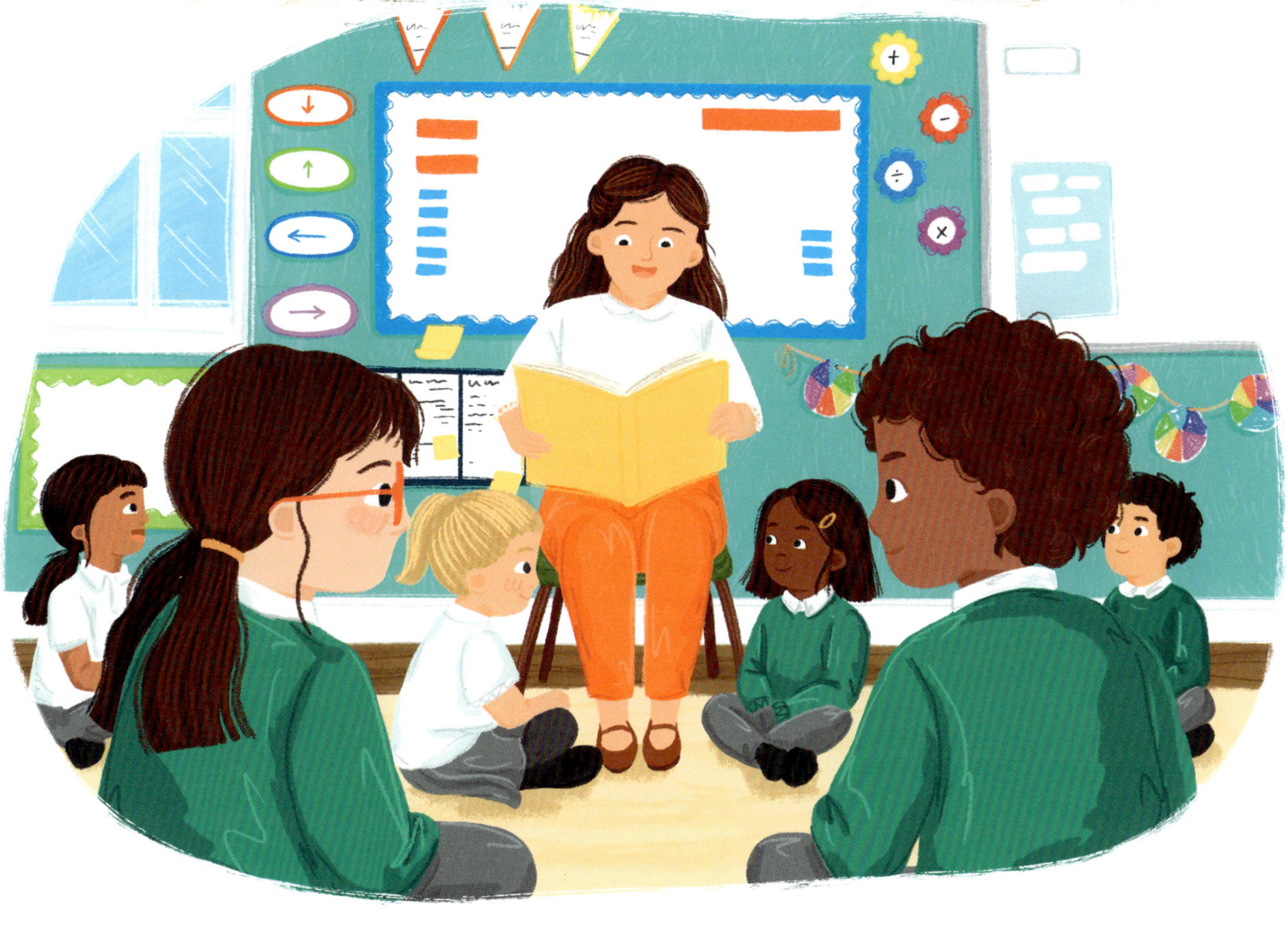

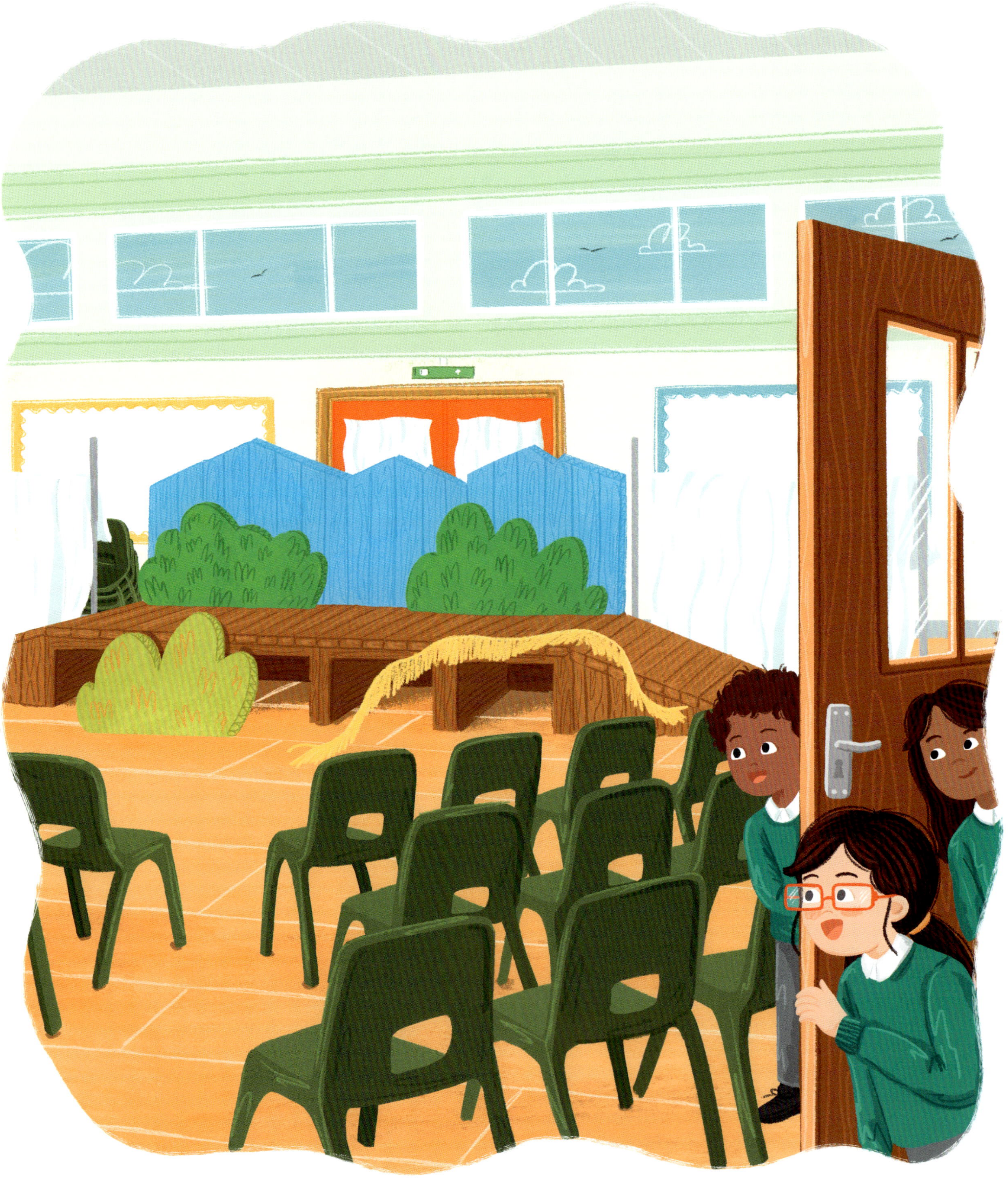

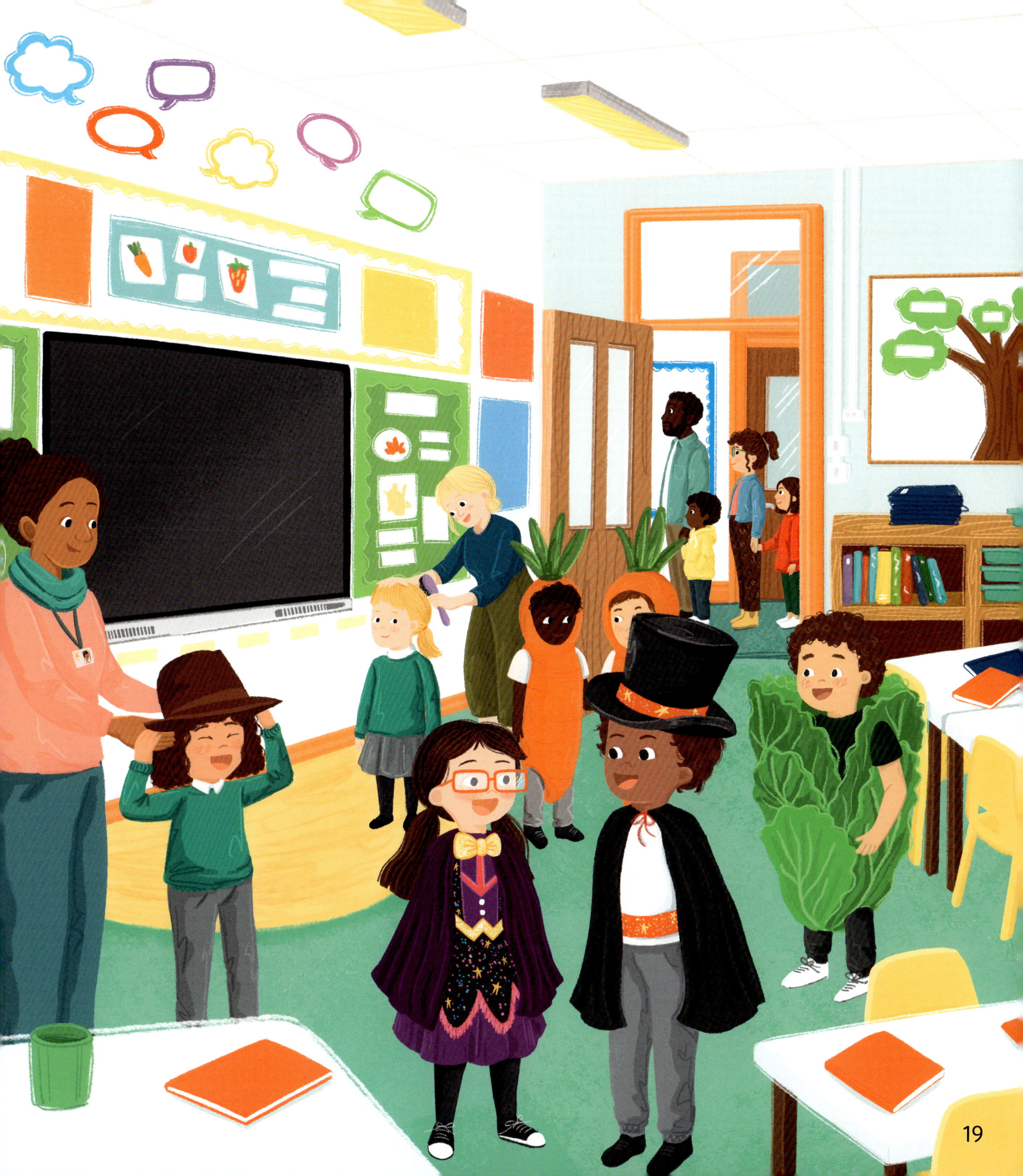

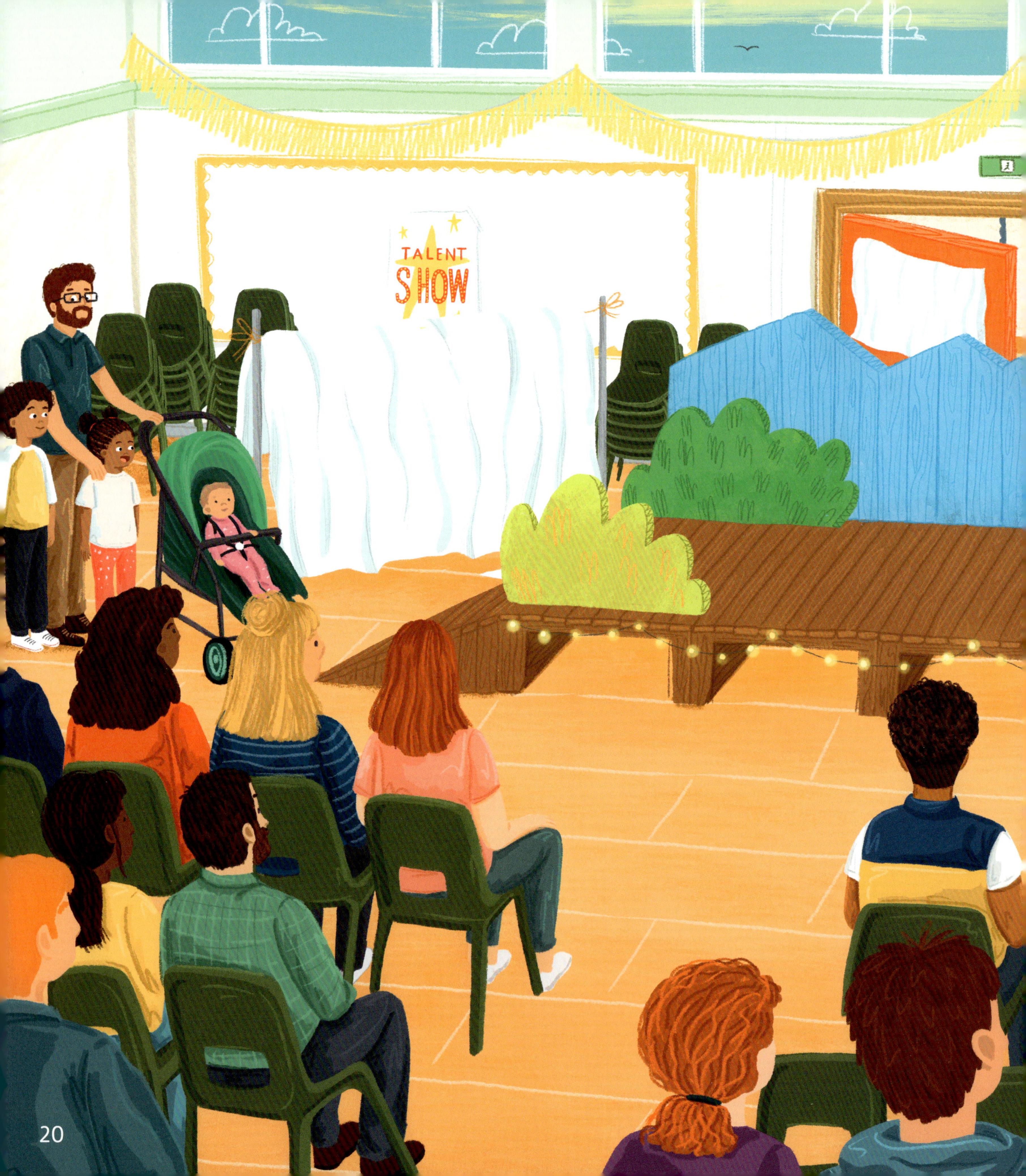
TALENT
SHOW

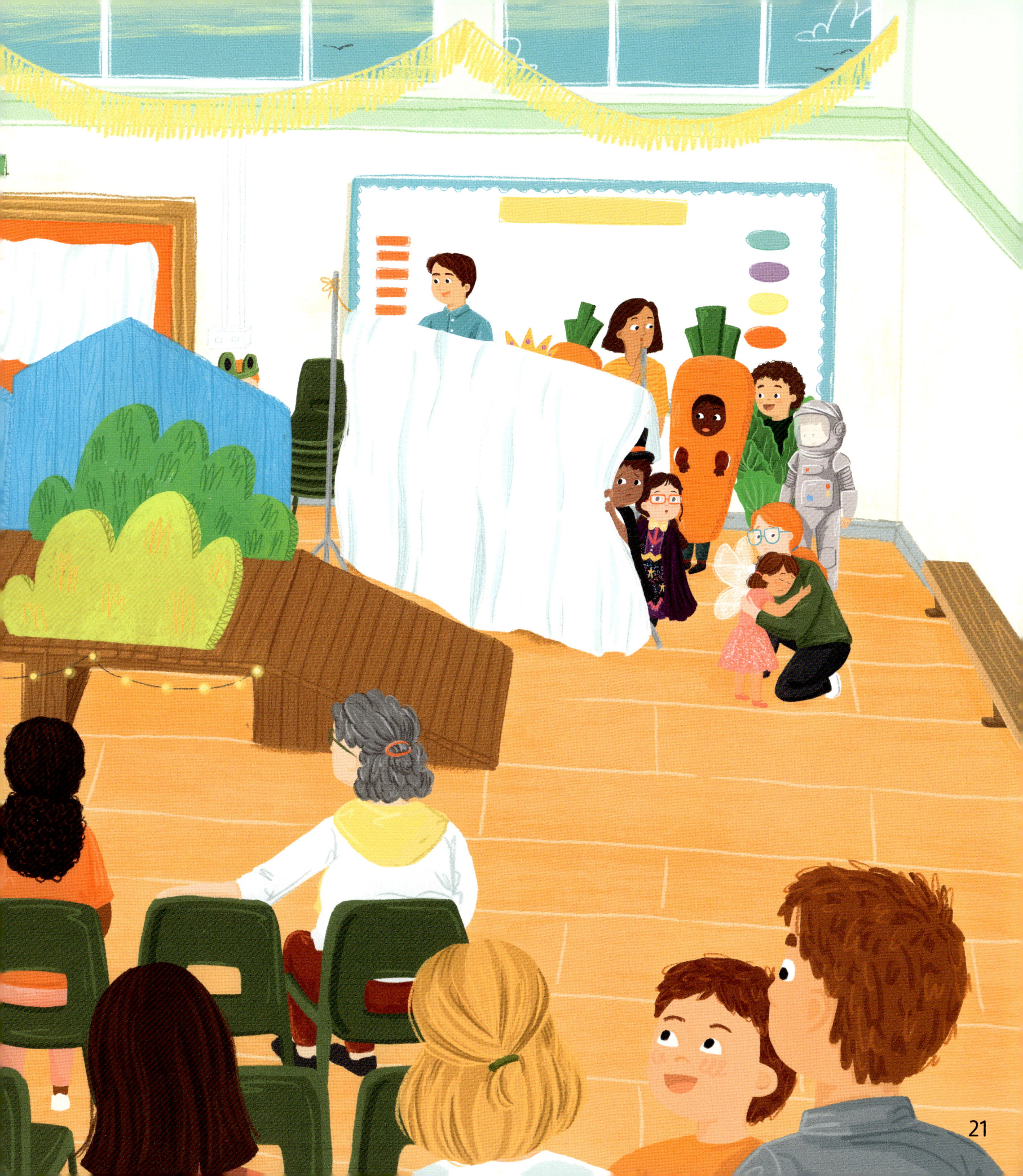

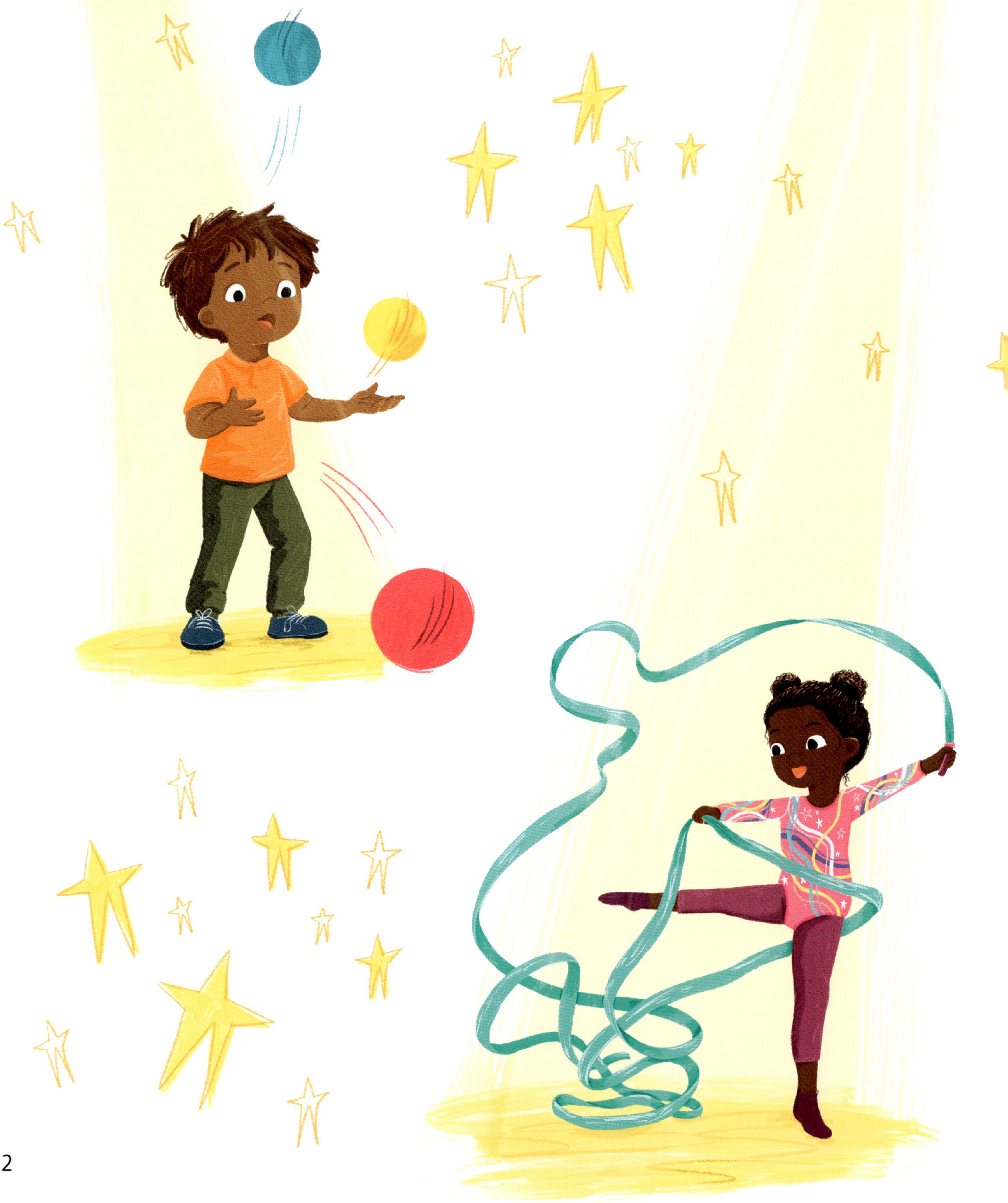

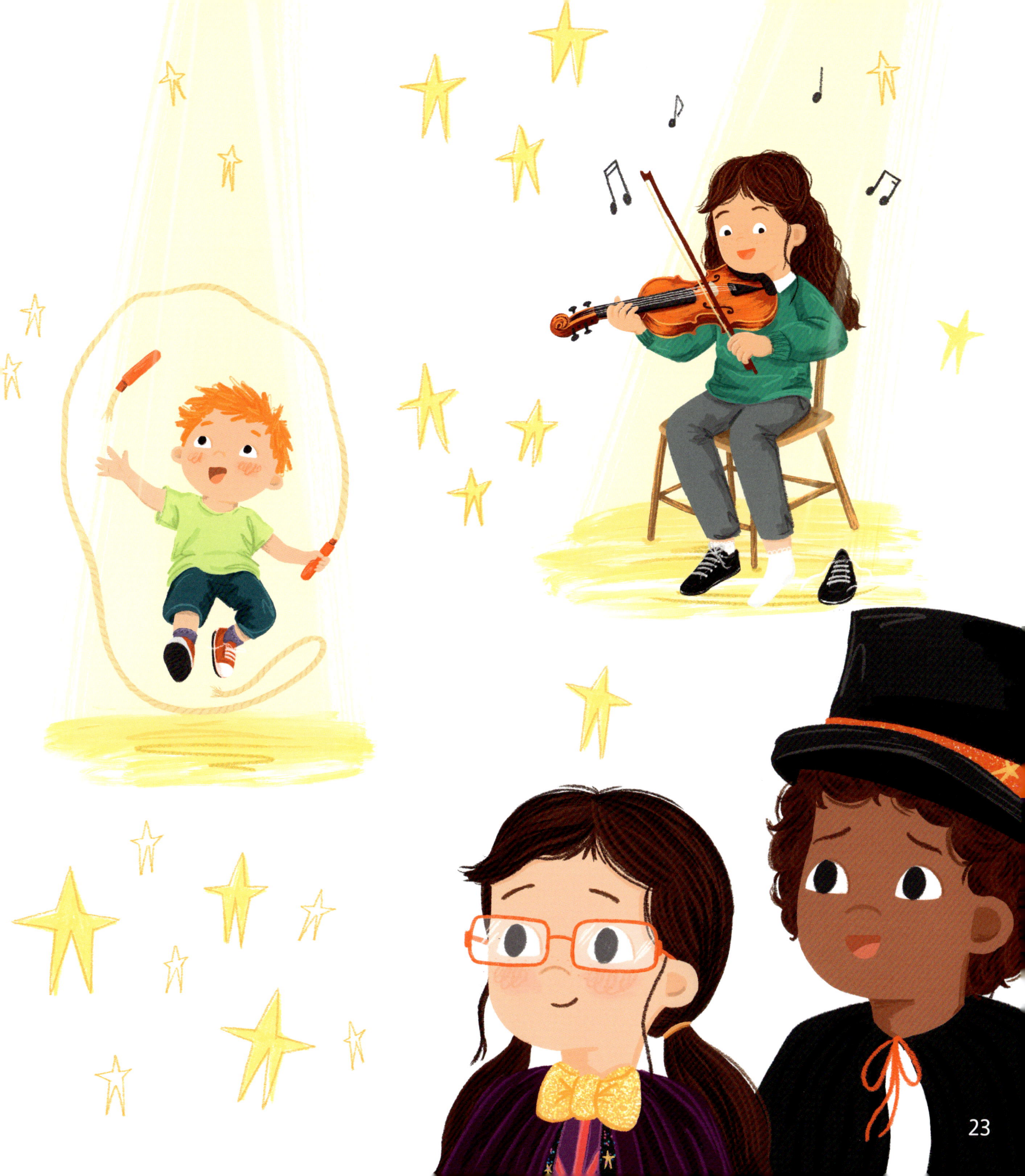

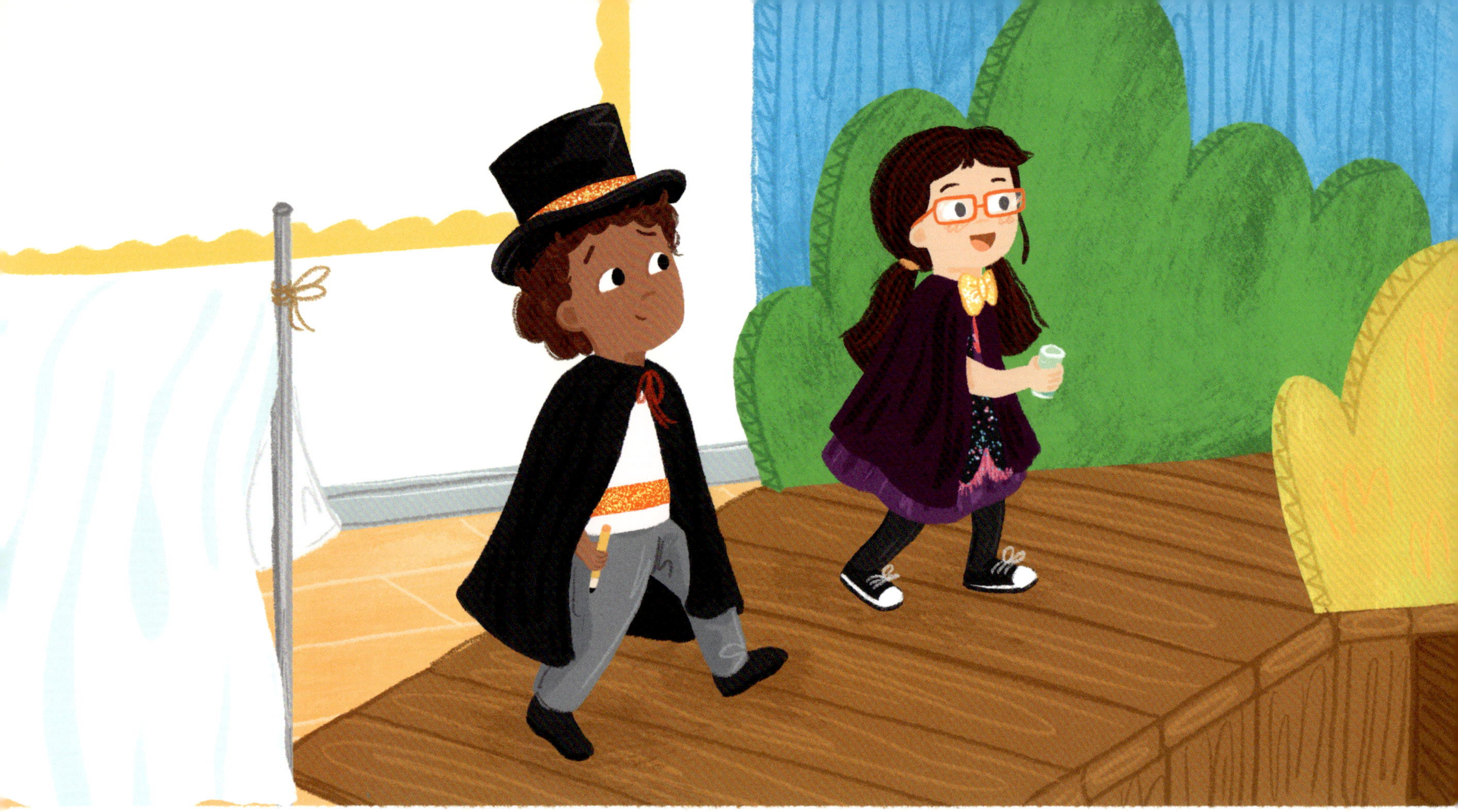

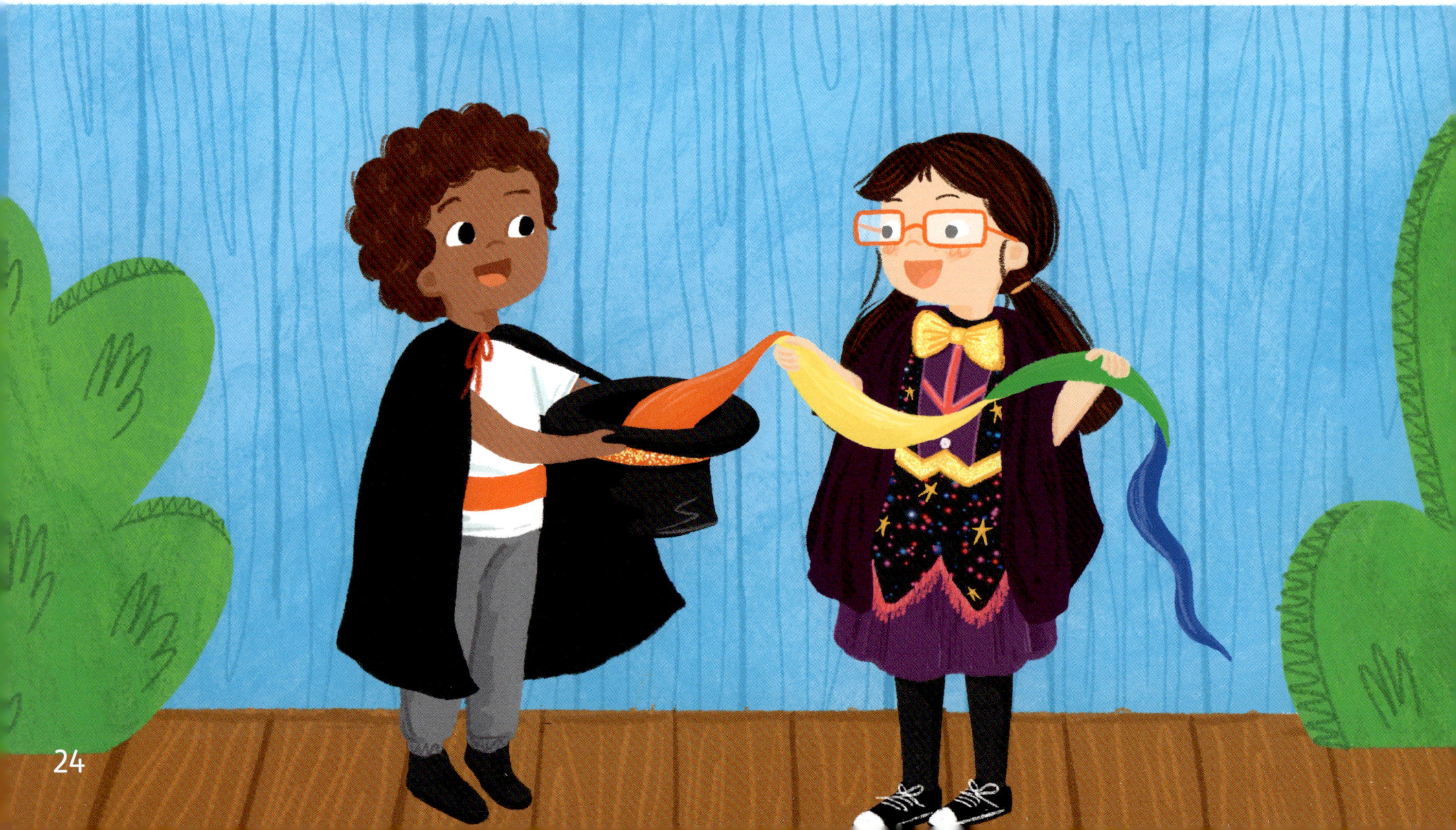

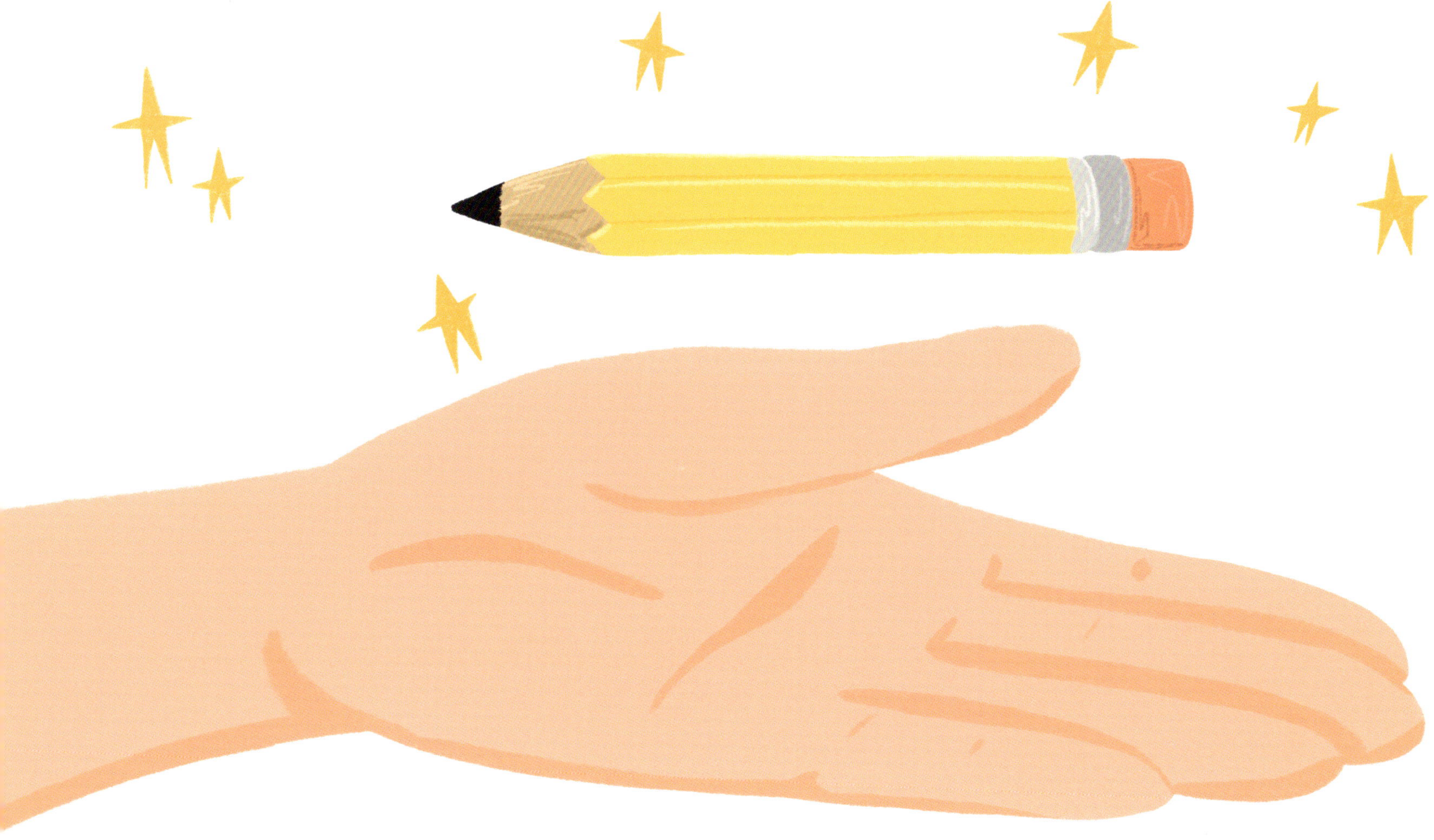

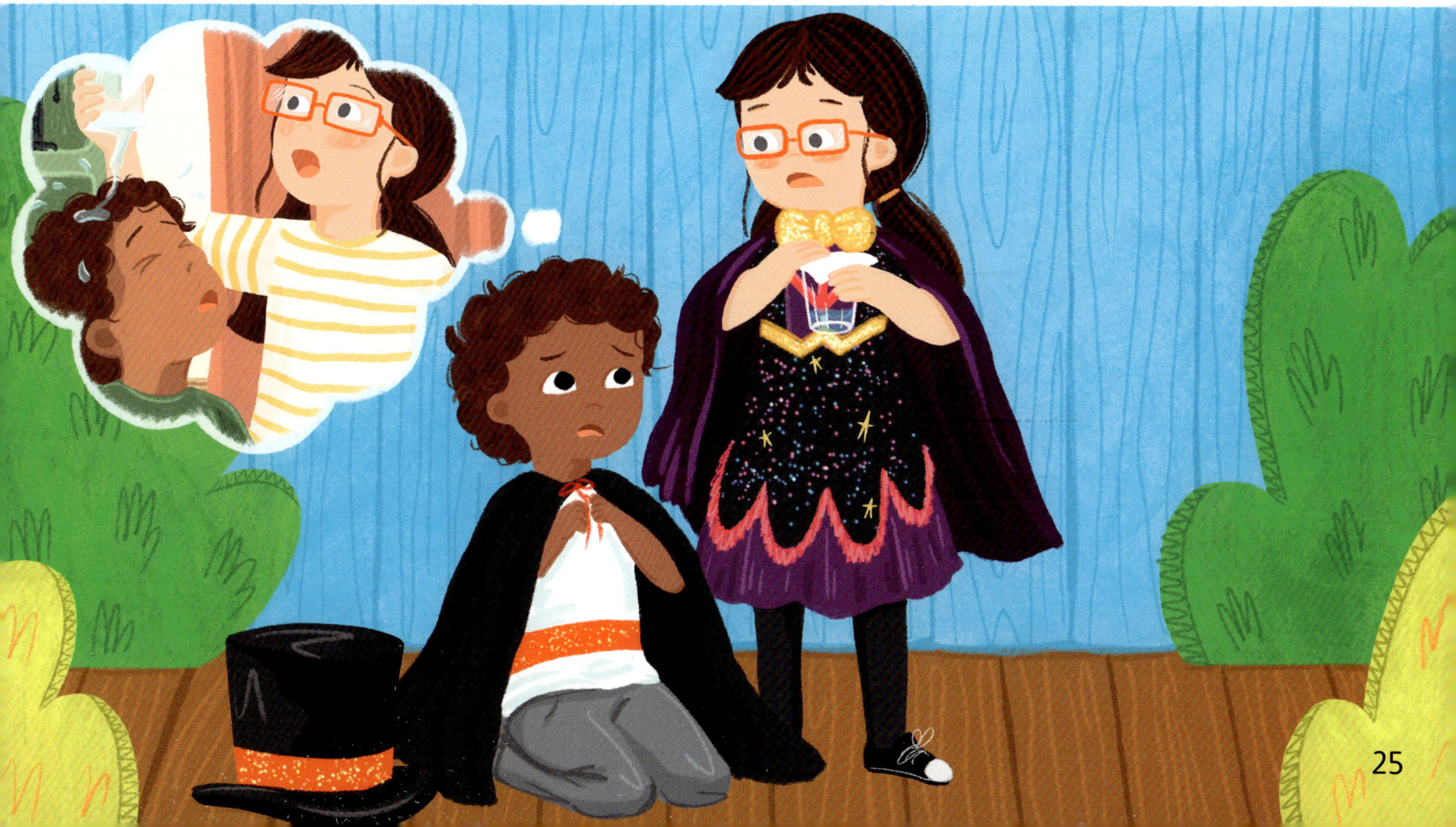

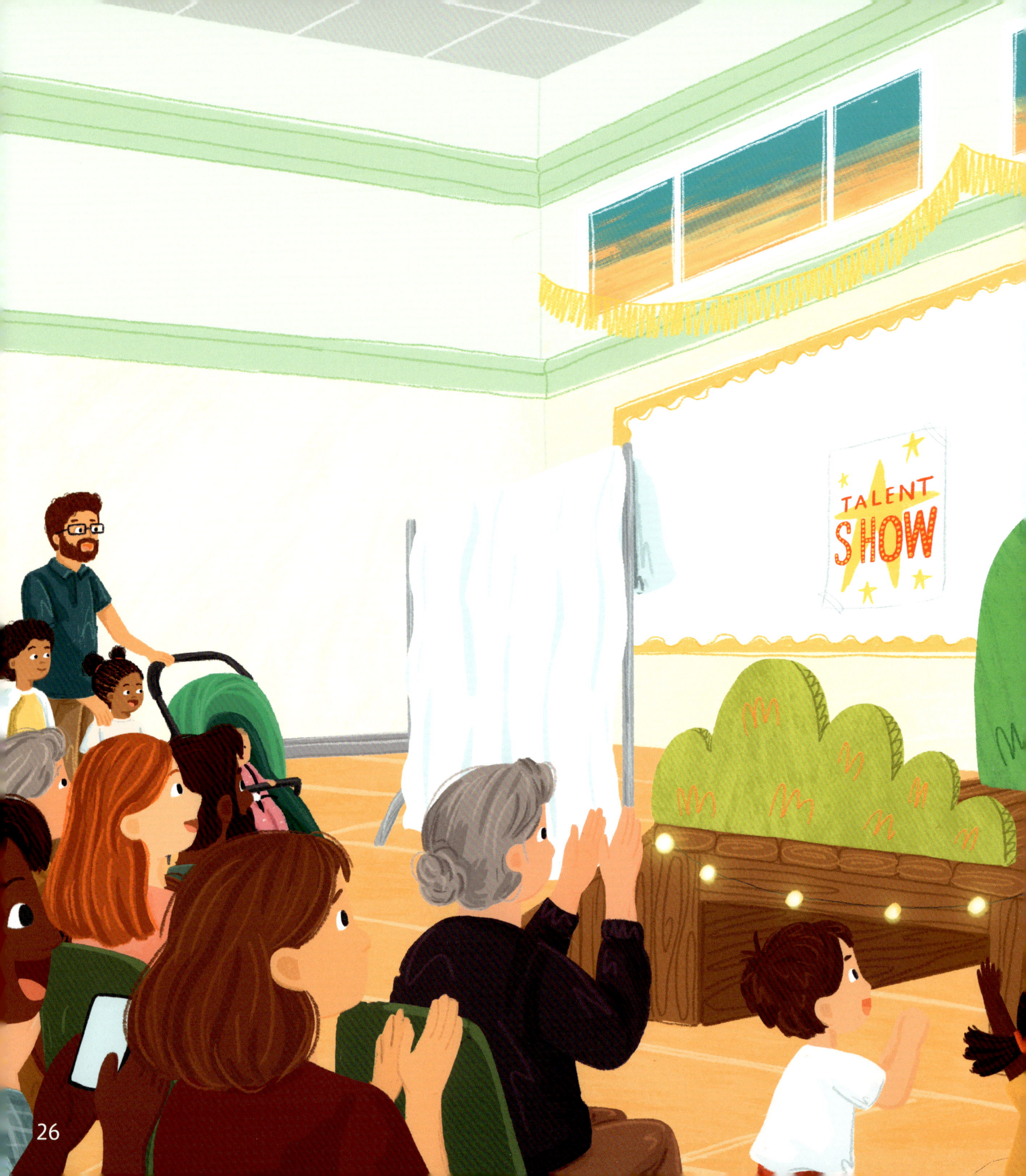
TALENT
SHOW

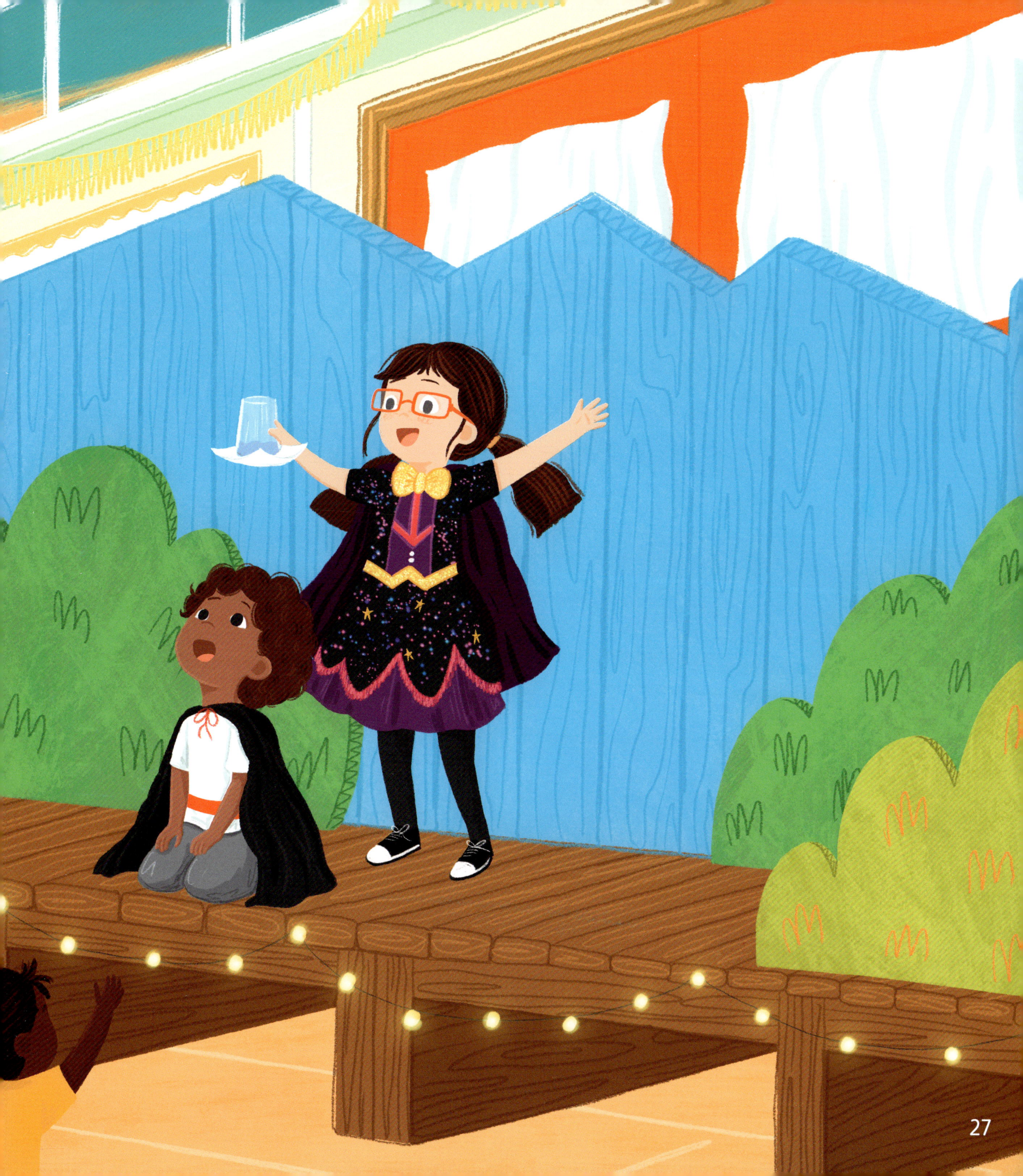

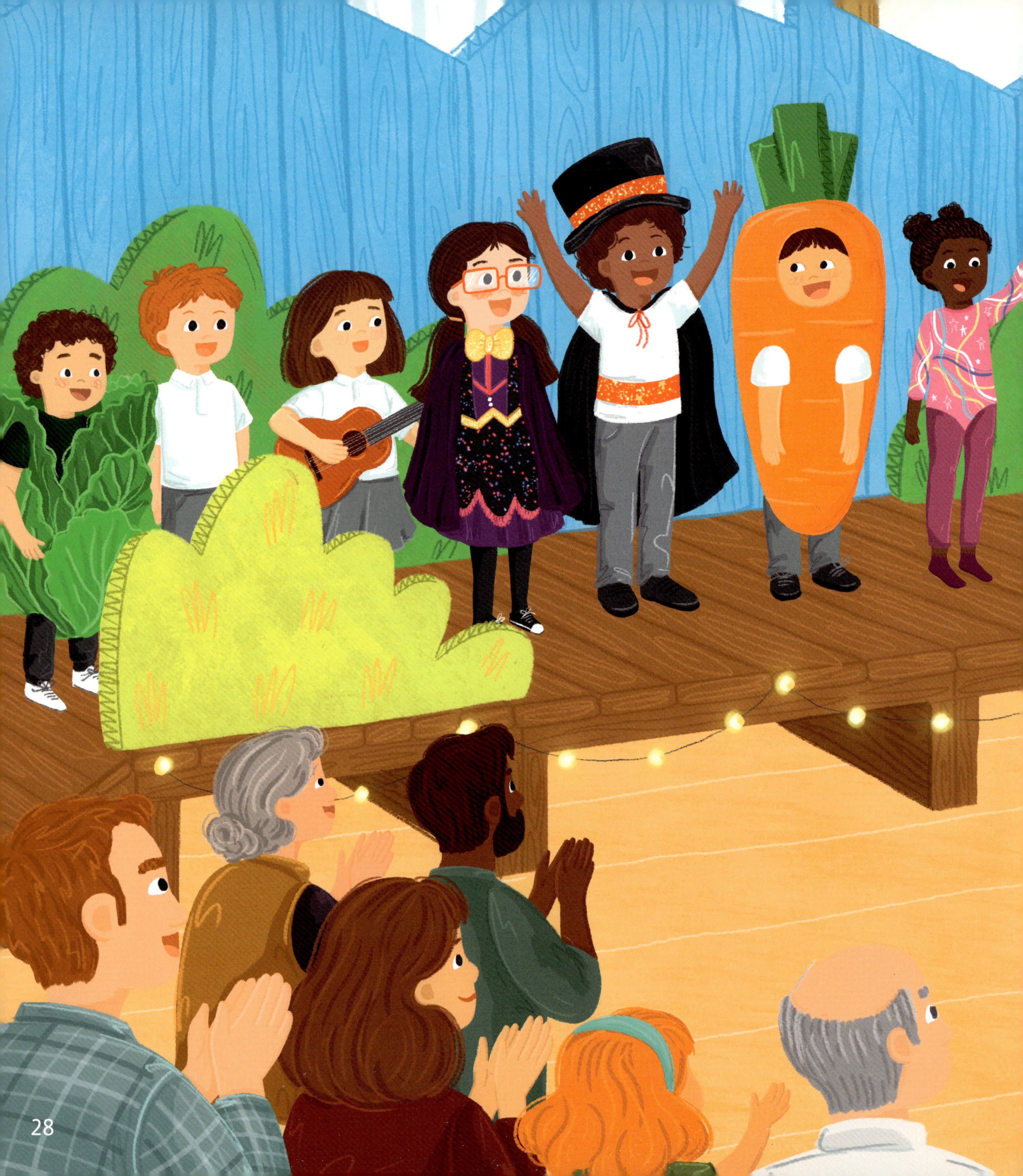

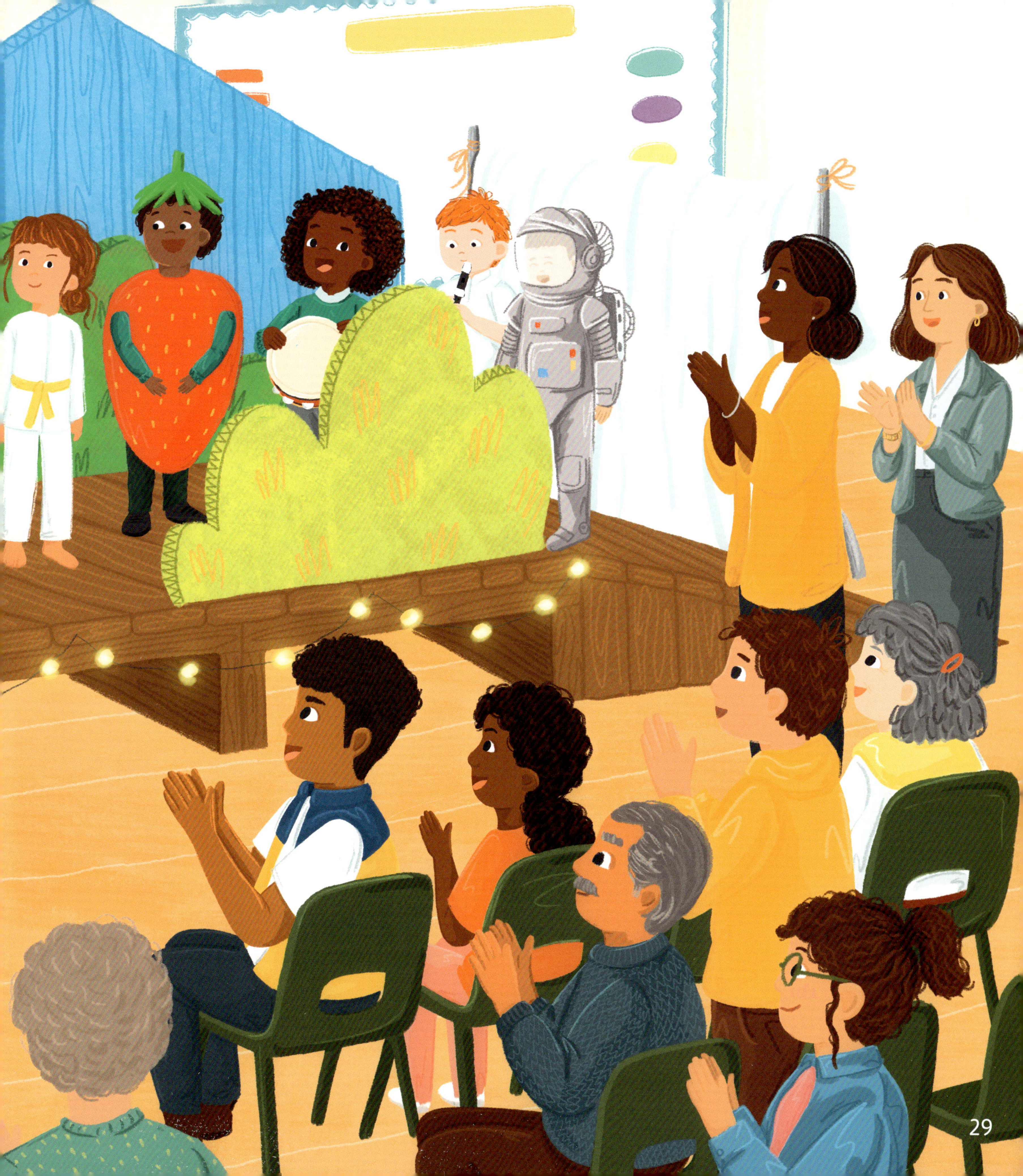

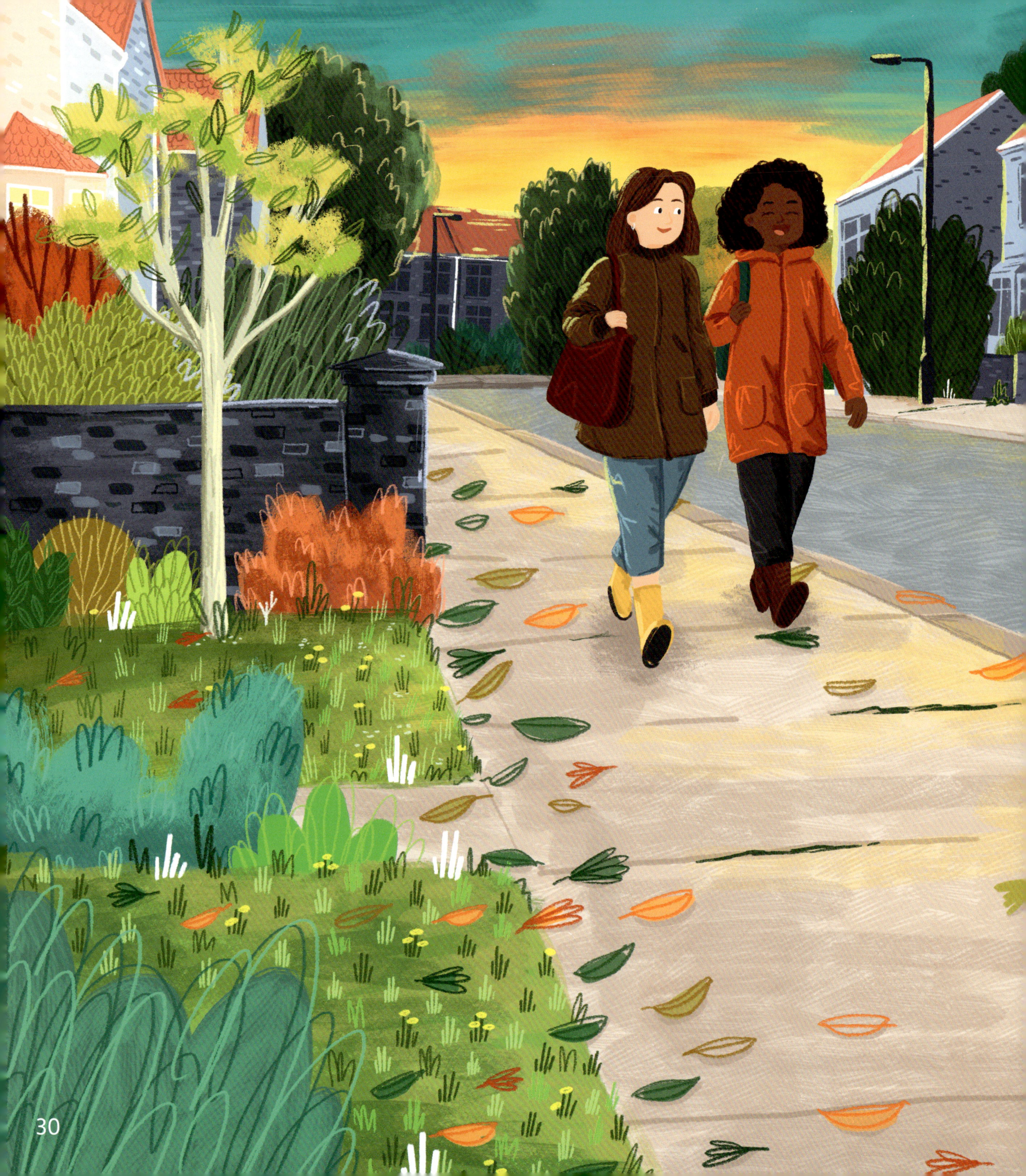